Zur Sache. Der Essay

herausgegeben von
Christine Abbt und Hartmut von Sass

4

Astrid Séville und Julian Müller

Politische Redeweisen

Mohr Siebeck

ISBN 978-3-16-161502-3 / eISBN 978-3-16-163372-0
DOI 10.1628/978-3-16-163372-0

Die Deutsche Nationalbibliothek verzeichnet diese Publikation in der Deutschen Nationalbibliographie; detaillierte bibliographische Daten sind über *http://dnb.dnb.de* abrufbar.

© 2024 Mohr Siebeck Tübingen. www.mohrsiebeck.com

Das Werk einschließlich aller seiner Teile ist urheberrechtlich geschützt. Jede Verwertung außerhalb der engen Grenzen des Urheberrechtsgesetzes ist ohne Zustimmung des Verlags unzulässig und strafbar. Das gilt insbesondere für die Verbreitung, Vervielfältigung, Übersetzung und die Einspeicherung und Verarbeitung in elektronischen Systemen.

Das Buch wurde von Martin Fischer in Tübingen aus der Minion gesetzt und von Druckerei Gulde in Tübingen auf alterungsbeständiges Werkdruckpapier gedruckt und gebunden.

Printed in Germany.

Inhalt

Neue kommunikative Unübersichtlichkeit	1
Staatstragende Flapsigkeit	13
Universale Subjektivität	26
Erweckter Liberalismus	41
Idealistischer Konkretismus	55
Erlebendes Handeln	67
Exzentrische Konventionalität	81
Pastorale Agonalität	95
Geschwätziger Rückzug	105
Literatur	111

Neue kommunikative Unübersichtlichkeit

Wer heute über Politik diskutiert, kann nicht *nicht* über politische Kommunikation sprechen. Allgegenwärtig ist das Argument geworden, dass Politik, zumal in einer repräsentativen Demokratie, vermittelt werden muss. Wer Entscheidungen im Namen des Volkes trifft, wer Gesetze verabschiedet, wer im Parlament als Abgeordneter, in einem Kabinett als Ministerin oder im Dorf als Bürgermeister fungiert, muss, so die oft vorgetragene Forderung, Politik *erklären*.

Politische Erfolge wie Misserfolge werden heute immer auch auf politische Kommunikation zurückgeführt – Politikerinnen hätten Wähler nicht *abgeholt* oder keine überzeugende Kampagne gehabt. In den Nachbesprechungen zu Duellen oder neuerdings Triellen während des Wahlkampfs wird sodann die Performance der Kandidaten evaluiert und somit unweigerlich die Darstellung von Politik in den Vordergrund gerückt. Die Diagnose einer Medien- oder Publikumsdemokratie (Manin 2007), ist so aktuell wie bekannt: Dank moderner Massenmedien komme es in *repräsentativen* Demokratien zunehmend auf die *Präsentation* von Politik an. Zudem würden Wahlentscheidungen nicht nur stärker personalisiert, auch das Verhältnis zwischen politischen Akteuren und Wählerinnen sei heute ein anderes geworden. Wählerinnen entscheiden nicht länger nach stabilen und erwartbaren Präferenzen, sondern deutlich volatiler; sie reagieren spontan auf Debatten, Fehltritte, Inszenierungen und damit auch auf die gelingende oder aber auch misslingende Mediennutzung der Kandidaten.

Nun wirkt die herkömmliche Diagnose einer Mediendemokratie vor dem Hintergrund zunehmender Verflüssigung von Kommunikation durch den allgegenwärtigen Einsatz sozialer Medien fast schon altbacken, weil sie die andere Seite jenes Verhältnisses noch nicht einmal absehen konnte. Schließlich haben sich die Möglichkeiten und Chancen zu Teilhabe und Mitwirkung an öffentlichen Debatten in den letzten Jahren massiv vergrößert, klassische journalistische *gatekeeper* mussten ihre Stellung einbüßen, wodurch auch die Rollenverteilung von Sendern und Empfängern fluide geworden ist. Das politische Publikum ist längst nicht mehr nur passiv-reaktiv. Darin liegt gewissermaßen Fluch und Segen der gegenwärtigen Situation. Jeder kann heute zum Sender politischer Botschaften werden, ohne dass der Einzelne auf diese neue Rolle wirklich vorbereitet wäre. Im Hinblick auf einen *neuen Strukturwandel der Öffentlichkeit* stellte Jürgen Habermas daher kürzlich folgende Frage: „Wie der Buchdruck alle zu potentiellen Lesern gemacht hatte, so macht die Digitalisierung heute alle zu potentiellen Autoren. Aber wie lange hat es gedauert, bis alle lesen gelernt hatten?" (Habermas 2022, 46) Nicht nur lesen und schreiben, auch *posten* will also gelernt sein.

In der Zwischenzeit erhalten politische Akteure und in der Öffentlichkeit stehende Personen schnellere, bisweilen auch brutalere Rückmeldungen und geraten vermehrt unter Rechtfertigungsdruck. Zunehmend sehen sie sich aufgefordert, ihrerseits auf Debatten, auf Nachfragen und Kritik zu reagieren, und müssen damit rechnen, dass ihre Aussagen dabei verzerrt oder aus dem Kontext gerissen werden. Nicht zuletzt ist die Gegenwart durch den Umstand gekennzeichnet, den Diedrich Diederichsen unlängst präzise benannte: „Globale und digitale Verhältnisse haben eine klassische Voraussetzung von Diskursproduktion nachhaltig abgeschafft:

Man kann nicht mehr über andere reden, ohne dass die mithören." (Diederichsen 2021, 13) Skandalisierung und Empörung sind die erwartbaren Effekte, mit denen öffentliche Sprecher unter den Bedingungen globaler und digital verstärkter Dauerkommunikation rechnen müssen.

Es stellt sich die Frage, wie politische und öffentliche Akteure in dieser Gemengelage heute überhaupt kommunizieren können. Wie lassen sich Überzeugungen und Entscheidungen erklären und vertreten? Wie lassen sich diese angesichts einer immer größer werdenden Anzahl von Diskursteilnehmern kommunikativ absichern? Wie kann heute in der Öffentlichkeit verbindlich, nahbar und doch entschlossen gesprochen werden, wenn man dank des Kreislaufs von Reaktion, Kritik und Empörung immer auch um die Standortgebundenheit und somit Anfechtbarkeit der eigenen Ansichten weiß und dieses Wissen vermehrt auch noch ausstellen muss? Und was passiert mit dem eigenen politischen Sprechen, wenn dieses nicht nur unter permanenter Beobachtung steht, sondern zunehmend auch von antidemokratischen Kräften angefochten wird?

Die öffentliche wie auch akademische Debatte der letzten Jahre kreiste vor allem um die Frage, wie gezielte Tabubrüche eine „Verschiebung nach rechts" und somit eine „Verrohung" oder „Enthemmung" des politischen Diskurses herbeigeführt hätten. Diese Entwicklungen wurden mit berechtigter Sorge, teilweise auch mit etwas merkwürdiger Faszination beobachtet. Allenthalben war nun von der *Hufeisen-Theorie* und dem *Overton-Fenster* die Rede. Es ließen sich nun Querfronten diagnostizieren, Überläufer benennen und entsprechende Techniken der Appropriation ausmachen. Dass in der sachsen-anhaltinischen Provinz etwa eifrig Gramsci, Deleuze und *Tristesse Royale* gelesen wird, brachte vielleicht die ein oder andere Selbstverständlichkeit und womöglich auch die ein oder andere Ordnung im Bücherregal durcheinander, war aber doch nur auf den ersten Blick verwunderlich – manch Hochschullehrer und öffentlicher Intellektueller sah sich gar dazu hingerissen, eine Korrespondenz mit dem Rittergut zu beginnen.

In diesem Essay soll es jedoch nicht um die Frage gehen, ob und gegebenenfalls wie man mit Rechten reden solle, der Blick richtet sich vielmehr darauf, wie in der zunehmend unter Beschuss stehenden Mitte gesprochen wird. Nicht das Provokante, das Laute und Offensiv-Hässliche, sondern die kommunikative Neuverhandlung des hierzulande politisch Etablierten, Normalen, Bürgerlichen und Demokratischen wird also im Fokus stehen. Damit soll freilich keiner Apologetik des Bestehenden das Wort geredet werden. Es steht außer Frage, dass die Behauptung des *Normalen* und die Rede von der *Mitte* nie nur eine neutrale Beschreibung ist, sondern dass es sich dabei immer auch um eine eigene Positionsmarkierung und somit um einen politischen Akt handelt. Die Mitte ist so umkämpft wie exklusiv, sie bleibt immer uneindeutig und ist bei genauerem Hinsehen viel weniger harmlos, als der Begriff vermuten lässt (HEITMEYER 2024; ZICK/KÜPPER 2021). Und doch hilft die Idee der Mitte als eine perspektivische Engführung: Schließlich zeigen sich hier dominante Selbstbilder und Selbsterzählungen einer Gesellschaft besonders deutlich. Zu diesen tragen politische Akteure und öffentliche Figuren wie Publizistinnen, Schriftsteller, Schauspieler und Journalistinnen bei. An ihnen lässt sich ein Zugang gewinnen zu den Formen und Formaten politischer Kommunikation in der liberaldemokratischen Gesellschaft der Gegenwart, die keineswegs nur auf parlamentarische Debatten und Leitartikel beschränkt sind.

Wir wollen uns im Folgenden daran machen, bestimmte Redeweisen herauszuarbeiten, die auf den ersten Blick nicht immer unmittelbar politisch anmuten, die aus unserer Sicht aber sehr wohl politisch sind – und die wir für symptomatisch halten. So lässt sich etwa in den Medien derzeit die Proliferation eines bestimmten Attributs beobachten, mithilfe dessen die besagte Mitte sich selbst versieht: Immer häufiger stoßen wir auf eine emphatische Behauptung des *Radikalen* innerhalb der Mitte. Die *Zeit*-Journalistin Yasmine M'Barek beispielsweise vertritt mit Verve die Idee „radikaler Kompromisse". In Kompromissbereitschaft sieht sie den Wesenskern und auch den Motor von Demokratien. Man müsse sich im politischen Spiel am Ende, so auch der Untertitel ihres jüngsten Buches und die programmatisch ausgegebene Losung, „in der Mitte treffen" (M'Barek 2021). Die Autorin Şeyda Kurt wiederum fordert „radikale Zärtlichkeit" und hinterfragt damit nicht nur klassische Vorstellungen von Liebe, sondern fragt vor allem nach dem genuin politischen Kern zwischenmenschlicher Beziehungen. Nicht nur komme es im Modus der Zärtlichkeit zur Suspension von Repression und Gewalt, durch Zärtlichkeit realisiere sich sogar unweigerlich auch ein politisches Programm: „Das Ziel kann nicht einfach nur Zärtlichkeit sein, ich will konsequenter denken. Es muss um *radikale Zärtlichkeit* gehen. Ich verstehe radikale Zärtlichkeit als ein Programm der Gerechtigkeit. Eine Gerechtigkeit der Zärtlichkeit in der eigenen Beziehung, den scheinbar privatesten Spielräumen und darüber hinaus, gibt es nur dann, wenn sie für alle gilt. [...] Radikale Zärtlichkeit ist das Eingeständnis der Notwendigkeit von Visionen, die politisch und vielfältig zugleich sind." (Kurt 2021, 20)

Auch die Kolumne der feministischen Publizistin Teresa Bücker im Magazin der *Süddeutschen Zeitung* diskutiert unter dem Titel „Ist es radikal ..." regelmäßig gesellschaftspolitische Fragen, die gerade nicht mit einem utopischen oder gar revolutionären Programm verbunden werden, sondern ganz konkrete politische Probleme auf den Punkt bringen: „Ist es radikal, das Elterngeld für Reiche zu streichen?", „Ist es radikal, bis 80 zu arbeiten?" oder „Ist es eine radikale Idee, keine Karriere machen zu wollen?" Mit der Behauptung oder zumindest mit der Vermutung des Radikalen scheint sich die Mitte aktuell immer häufiger ihrer selbst und der Dringlichkeit ihrer eigenen Aufgaben versichern zu wollen. Es ist kein Zufall, dass Motive wie „radikale Verletzlichkeit", „radikale Achtsamkeit" oder „radikale Akzeptanz" aktuell so erfolgreich und anschlussfähig sind.

Auf den ersten Blick erstaunt dabei, wie sich in diesen Formulierungen bisweilen doch recht biedere, ja zutiefst bürgerliche Erwartungen mit der Behauptung des Radikalen treffen. So lässt sich dann eben auch so etwas wie Kompromissfähigkeit als demokratische, ja allzudemokratische politische Tugend kurzerhand als radikal etikettieren. Wie radikal die entsprechenden Vorschläge dann im Einzelnen sind, soll hier aber gar nicht zur Debatte stehen. Es geht eher um das rhetorische Surplus, das mit dem Etikett ‚radikal' einhergeht. Kompromisse allein reichen heute offensichtlich nicht, es bedarf schon radikaler Kompromisse. In dieser ubiquitären und kaum zu überhörenden Behauptung des Radikalen gerade im Zusammenhang mit Praktiken wie Achtsamkeit, Zärtlichkeit oder Kompromissbereitschaft will sich die Mitte wohl selbst glaubhaft machen, dass es ihr ernst ist. Offenbar erfordern die gegenwärtigen Krisen und multiplen Herausforderungen einen härteren Tonfall, der aber die klassischen Muster autoritären und apodiktischen Sprechens scheut. Stattdessen braucht es eine neue Art des Sprechens. Die Aufmerksamkeit für Kommunikation auf Augenhöhe und für Transparenz, die Erwartungen an Geradlinigkeit und Entschlossenheit bei gleichzeitiger Kompromissfähigkeit und Liberalität dürften dabei wohl noch nie so hoch gewesen sein wie heute. Und genau durch diese Erwartungsfelder hindurch müssen öffentliche Sprecherinnen heute manövrieren.

Diese Verbindung von Radikalität und Nachgiebigkeit und die damit einhergehende Wendung ins ostentativ Kämpferische scheint uns jedenfalls untersuchenswert zu sein. Der Einsatz des Etiketts ‚radikal' ist allerdings nur eine Erscheinungsform unter vielen, die uns interessieren. An ganz unterschiedlichen Stellen beobachten wir den Einsatz derart rhetorisch-performativer Kopplungen von an sich Widersprüchlichem oder Unpassendem. Immer häufiger werden Semantiken, Rhetoriken und Tonfälle miteinander verbunden, die wir üblicherweise auseinanderhalten. Im Verlauf dieses Essays werden uns unter anderem Formen staatstragender Flapsigkeit, exzentrischer Konventionalität, universaler Subjektivität oder pastoraler Agonalität begegnen.

Seinen Ursprung hatte dieses Vorhaben zunächst in der Beschäftigung mit der politischen Kommunikation Robert Habecks (MÜLLER/SÉVILLE 2022a). In der deutschen Politik ist Habeck zweifellos der Meister paradoxer Kopplungen und damit der Zusammenführung von Widersprüchlichem. In seinem letztem Buch *Von hier an anders* findet sich hierzu eine beiläufige, aber eben doch vielsagende Formulierung. Habeck spricht dort von seinem Politikstil als einem *selbstkritischen Kämpfen* (HABECK 2021, 64). Ähnlich wie im Fall der in Anspruch genommenen ‚Radikalität' werden auch hier Entschlossenheit und Kampfbereitschaft mit der Fähigkeit zur Selbstreflexion und Selbstdistanzierung verknüpft. Habeck war uns auch deshalb ein willkommenes Untersuchungsobjekt, weil er selbst so gerne und auch ausgiebig das eigene Sprechen zum Thema macht. Er weiß um die Chancen ebenso wie um die Risiken politischer Kommunikation unter den Bedingungen medialer Dauerbeobachtung und macht dies auch immer wieder zum Thema.

Politische Kommunikation ist für ihn kein lästiger Zusatz; politische Kommunikation ist für ihn immer auch politisches Handeln. In seiner Dankesrede anlässlich der Verleihung des Ludwig Börne Preises 2023 stellte er genau das noch einmal heraus: „Regieren bedeutet ja eine Verantwortung des Handelns, das sich vor der ganzen Republik zu rechtfertigen hat. Dieses Handeln umfasst auch die Pflicht zum Sprechen – zum Erklären, zum Verständlichmachen, zum Offenlegen von Abwägungen und Erkenntnisgewinnen. Das Sprechen steckt im Wort Verant-Wort-ung ja mit drin." (HABECK 2023)

Selten zuvor in der deutschen Politik wurde derart ein neues politisches Sprechen vor Publikum erprobt und gleichzeitig permanent live mitkommentiert – in Interviews, Podcasts und eigenen Sachbüchern. Das Ganze stieß erwartbar auf Anerkennung und ab einem bestimmten Zeitpunkt ebenso erwartbar auch auf Ablehnung. In unserer Auseinandersetzung ging und geht es jedoch nie um Habeck als Person. Im Mittelpunkt steht vielmehr eine bestimmte *politische Redeweise*, die uns emblematisch zu sein scheint. Den Begriff ‚Redeweise' borgen wir uns dabei von Erving Goffman, nutzen ihn aber sehr freihändig. Goffman hatte in seinem Buch *Forms of Talk* den Fokus weniger auf die mitgeteilten Inhalte als vielmehr auf die Formen von Kommunikation gerichtet (GOFFMAN 1981). Dieser Anweisung folgen wir und wollen in diesem Essay gegenwärtige Muster und Möglichkeiten öffentlicher Ansprache näher beleuchten. Von ‚Redeweisen' zu sprechen, heißt konsequenterweise, sich weder nur auf sachliche Argumente noch auf persönliche rhetorische Stile zu konzentrieren, sondern stattdessen *Typen* und *Muster* politischer Rede herauszuarbeiten. Wir fragen also nach den gegenwärtigen Gelingensbedingungen politischen Sprechens, suchen diese aber nie im einzelnen Sprechakt allein. Wir interessieren uns dabei für spezifische Tonfälle

(SÉVILLE 2018), ohne diese auf die rhetorischen Fähigkeiten oder das Charisma einzelner Personen zurückzuführen; wir sind aufmerksam für die medialen Bedingungen und Infrastrukturen politischer Kommunikation, ohne einem simplen Mediendeterminismus anzuhängen, der alles auf die Ausbreitung sozialer Medien zurückführt; wir nehmen den performativ-theatralen Aspekt politischer Kommunikation in den Blick und wissen doch sehr gut, dass Politik nicht einfach nur Inszenierung ist; und wir wollen die Foren und Bühnen berücksichtigen, auf denen politische Kommunikation stattfindet und mit denen je unterschiedliche Publikumsbezüge und auch Publikumserwartungen einhergehen.

Stärker als je zuvor müssen politische Akteure heute synchron in verschiedenen Öffentlichkeiten agieren und zu unterschiedlichen Publika sprechen können. Dass eine parlamentarische Rede etwas anderes ist als ein Interview bei Günter Gaus oder ein Auftritt im vollen Bierzelt, das war schon immer so. Heute allerdings scheinen diese Räume viel weniger leicht abgrenzbar zu sein. Während noch immer das Bild von der modernen Gesellschaft dominiert, in der unterschiedliche Felder oder Systeme existieren, die nach unterschiedlichen Logiken funktionieren und mithilfe eigener Währungen operieren (LUHMANN 1997), erscheint dieses Bild bei genauerer Betrachtung immer weniger plausibel. Wo ein politisches Statement noch erkennbar etwas anderes war als ein politischer Leitartikel, eine wissenschaftliche Einordnung oder eine satirische Verballhornung und auch in entsprechend anderen Räumen erwartet werden konnte, war die Vorstellung verschiedener eigenlogischer gesellschaftlicher Bereiche durchaus überzeugend. Es stellt sich aber doch die Frage, ob unsere gegenwärtige Situation mit einer solchen Behauptung derart klarer Grenzen noch angemessen beschrieben ist.

Öffentliche Kommunikation findet längst zu weiten Teilen in Foren statt oder wird von diesen Foren beeinflusst – *Twitter*[1] ist dafür sicherlich der prägnanteste Fall –, in denen die sehr eindeutige und analytische Separierung unterschiedlicher Logiken und damit zusammenhängender Sprechakte nicht mehr greift. Hier treffen unterschiedliche Akteure in ein und demselben Raum aufeinander, ohne dass dieser noch als sinnstiftender und erwartungsstabilisierender Rahmen fungieren könnte (GOFFMAN 1980). Schon auf der Ebene der Medienpraktiken einzelner öffentlicher Akteure lässt sich nicht mehr klar trennen, was in welcher Rolle und mit welcher Absicht veröffentlicht wird. Die bereits erwähnte Journalistin Yasmine M'Barek brachte das kürzlich so lapidar wie realistisch auf den Punkt: „Mein Instagram ist einfach mein Instagram. Ich mach' halt das, was mir da passt. Ich mache entweder Memes, ich poste ein ästhetisches Bild, ich war bei Starbucks, ich gehe irgendwo hin, ich poste ein Sharepic von Markus Söder, weil ich seine Meinung gut oder scheiße finde, und manchmal habe ich irgendwie Bock, kurze Texte zu schreiben".[2] Nicht nur ebnet diese Entwicklung so manchen Gattungsunterschied ein (HABERMAS 1988), vor allem kommt es dadurch zur Herausbildung recht verblüffender Hybridwesen: Amtsträger, die demonstrativ flapsig daherkommen; Comedians, die als investigative Journalisten im Auftrag des Staates auftreten; Schauspieler oder Theatermacher, die sich als politische Aktivisten verstehen; Journalistinnen, die betont staatstragend werden; Schauspieler oder Theatermacher, die sich als politische Aktivisten verstehen; Wissenschaftlerinnen, die ungebrochen und ohne Distanz politisch sprechen; Literaturkritiker, die von soziologischer

---

[1] Der Text ist vor der Umbenennung von *Twitter* in *X* verfasst worden.
[2] Yasmine M'Barek, *NBE Podcast*, 20.01.2022.

Zeitdiagnose zu soziologischer Zeitdiagnose springen; Soziologen, die doch eigentlich gerne Satiriker wären; Minister, die in ihrem eigenen Podcast den Journalisten in sich entdecken – bis hin zu all jenen öffentlichen Figuren, deren Berufsbezeichnung sich gar nicht mehr klar benennen lässt.

Im Folgenden wollen wir ein Bild dieser *neuen kommunikativen Unübersichtlichkeit* zeichnen und ein Licht auf die Redeweisen politischer Akteure der Gegenwart werfen. An wenigen Beispielen versuchen wir Motive politischen Sprechens herauszuarbeiten, die klassische Muster öffentlicher Rede – etwa Sachlichkeit, Autorität oder den zwanglosen Zwang des besseren Arguments – durchbrechen, auflösen oder neu arrangieren und genau durch solche Verschiebungen des Gewohnten und Gesagten etwas über die politische Gegenwart verraten. Die Beobachtung *paradoxer Kopplungen* liefert uns dabei ein Leitmotiv, an dem wir uns in den einzelnen Kapiteln orientieren.

Es handelt sich im Folgenden nicht um eine großspurige Zeitdiagnose, sondern um einen Essay. Die Kapitel sollen als Miniaturen funktionieren, die jeweils eine paradoxe Kopplung diskutieren und anhand exemplarischer öffentlicher Sprecher zu veranschaulichen suchen. Bewusst haben wir bei unserer Auswahl, die nicht den Anspruch auf Vollständigkeit oder Abgeschlossenheit erhebt und sich auch nur auf deutschsprachige Fälle konzentriert, auf unterschiedliche öffentliche Figuren aus unterschiedlichen Bereichen zurückgegriffen. Eine Rede des Bundespräsidenten kann für unsere Frage so aufschlussreich sein wie ein journalistischer Text von Carolin Emcke, ein Interview mit Lars Eidinger oder ein Selfie von Lars Klingbeil. Wir nähern uns diesen öffentlichen Figuren – darunter Politikerinnen, Schauspieler, Publizistinnen, Musiker oder Journalistinnen – weder mit der Absicht der Demaskierung noch aus politischem Kalkül. Wir erstellen keine Profile parteipolitischer oder persönlicher Kommunikationsstile, sondern versuchen, aufmerksam für bestimmte und aus unserer Sicht signifikante Redeweisen und Tonfälle der Gegenwart zu sein und diese mit philosophischen und sozialwissenschaftlichen Theorien, Konzepten und Begriffen zu konfrontieren.

Politisch sind für uns die im Folgenden skizzierten Redeweisen, weil sie sich an eine Öffentlichkeit als Gegenüber wenden und dabei auf je unterschiedliche Weise eine *politische Ansprache* oder *Fürsprache* formulieren.[3] Hierbei werden implizit wie explizit die Möglichkeiten und Herausforderungen eines heute noch gesellschaftlich Verbindlichen und kollektiv Anschlussfähigen ausgelotet. Derartige alltäglich-praktische Bestimmungen des Allgemeinen und Gemeinsamen begreifen wir als genuinen Bereich des Politischen. Und da wir ein sozialwissenschaftliches Interesse an solch kommunikativen Aushandlungen und Neuvermessungen des Politischen haben, wollen wir im Folgenden *zur Sache* politischer Redeweisen sprechen.

---

[3] Diese Unterscheidung von Ansprache und Fürsprache verstehen wir als zwei verschiedene Modi politischen Sprechens, die im Zentrum des von uns gemeinsam mit Christian Kirchmeier geleiteten Forschungsprojekts „Re/Präsentation – Neue Formen der politischen Ansprache und Fürsprache" stehen. Das Projekt wird von der *Gerda Henkel Stiftung* gefördert. Für die Unterstützung unserer Arbeit möchten wir uns bedanken.

Staatstragende Flapsigkeit

Als Robert Habeck im Dezember 2021 von seinem Amtsvorgänger Peter Altmeier das Bundesministerium für Wirtschaft übernahm, hielt er zu seinem Dienstantritt als Minister eine bemerkenswerte Rede. Habeck bat darin angesichts der Dringlichkeit der bevorstehenden Aufgaben um Kollegialität und beschwor gleichzeitig eine neue ministeriale Führungskultur. Den Höhepunkt der Rede stellte folgende Forderung an seine neuen Mitarbeiterinnen dar: „Widersprechen Sie mir. Sagen Sie mir, was Sie denken. Suchen Sie den Diskurs. So wie ich Ihnen widersprechen werde und Ihnen irgendwann mit meinen Fragen auf die Nerven gehen werde. Und dann soll das bessere Argument gewinnen, nur geschlagen von dem noch besseren."[4] Damit haben es zentrale Versatzstücke aus Jürgen Habermas' *Theorie des kommunikativen Handelns* in eine für die Öffentlichkeit gefilmte Ministerialansprache geschafft. Habeck vertraut ganz offensichtlich auf ein Gegenüber, das die entsprechenden diskursiven Trainingslager durchlaufen hat, um diese Anspielung auch zu verstehen. Selten zuvor jedenfalls wurde im politischen Berlin derart proseminaristisch gesprochen.

Nur wenige Monate später saß derselbe Robert Habeck auf einem Podium, um anlässlich der Eröffnung der internationalen Handwerksmesse 2022 in München über die Re-

---

[4] Habecks Rede zur Amtsübernahme im Ministerium am 08.12.2021; online unter: https://www.youtube.com/watch?v=9DdSyJWleAA (ab 26:15 Min.).

levanz des Handwerks in Zeiten des Fachkräftemangels mit dem bayerischen Ministerpräsidenten Markus Söder und dem Präsidenten des Zentralverbandes des Deutschen Handwerks Hans Peter Wollseifer zu diskutieren. Die Runde war sich darin einig, dass es das Handwerk in der öffentlichen Wahrnehmung aufzuwerten gelte. Habeck verstand es dabei wie so oft, das Große mit dem Konkreten, die globale politische Herausforderung des Klimawandels mit dem akuten Problem des Fachkräftemangels zu verbinden: Weder sei die ökologische Transformation zu bewältigen, noch sei der Wohlstand der deutschen Gesellschaft auf Dauer ohne Handwerk zu sichern. Wärmepumpen müssen schließlich installiert, Rohre verlegt und Windkraft- und Solaranlagen gebaut werden.

Eine beiläufige Situation im Rahmen dieser Diskussion war aufschlussreich: Habeck verbat es sich an einer Stelle, auf dem Podium mit seinem Doktortitel angesprochen zu werden. Er sei schließlich „nicht Zahnarzt", und die Fixiertheit auf Bildungstitel sei angesichts der verhandelten Themen unangemessen. Natürlich muss man sich den öffentlichen Verzicht auf akademische Titel erst einmal leisten können, und doch war es weit mehr als Koketterie. Der promovierte Literaturwissenschaftler Habeck versuchte auf diesem Podium schließlich ernsthaft und nachdrücklich, vor Überakademisierung zu warnen und eine Karriere im Handwerk zu bewerben. Gerade hier sei doch „Sinnhaftigkeit" zu finden, womit Habeck nicht zufällig auf den zentralen Begriff der Geisteswissenschaften zurückgriff. Sinn finde man heute also nicht länger in Seminaren und Lesekreisen, sondern vielleicht eher im eigenen geleisteten Beitrag bei der praktischen Bewältigung drängender globaler Probleme wie dem Klimawandel. Dass derartige Aussagen eines Bundeswirtschaftsministers im Rahmen der Internationalen Handwerksmesse nicht verwundern sollten, stimmt zweifellos. Mit welcher Überzeugungskraft sie allerdings ausgesprochen werden, zumal von einem Politiker, der seine Reden mit Habermas-Zitaten garniert, der in seine politischen Sachbücher immer wieder seitenlange Referate aktueller soziologischer Zeitdiagnosen einbaut, der Hegels *Vorlesungen über die Ästhetik* als eines der wichtigsten Bücher seines Lebens nennt und der bekennt, nach der Lektüre von Heideggers *Sein und Zeit* in eine existenzielle Krise geraten zu sein,[5] scheint uns dennoch bemerkenswert.

Denn es macht deutlich, dass Robert Habeck eine Redeweise vorführt, die mit Gegensätzen operiert, die Widersprüchliches zusammenführt und eigentlich Unvereinbares verbindet. Er kombiniert als Politiker Reflexivität mit Pragmatismus, Amtspathos mit launiger Flapsigkeit, Kommunikationsbereitschaft mit strategischer Arkanpolitik, den Willen zur Authentizität mit der Offenlegung von politischem Rollenspiel.

Nun könnte man Habeck angesichts seines orts- und adressatengerechten Sprechens Wankelmut, Opportunismus oder gar Bigotterie vorwerfen, doch das verfehlte den entscheidenden Punkt. Habeck selbst ist sich dieser Diskrepanzen schließlich nicht nur bewusst, er thematisiert sie sogar unentwegt selbst. Dass ihm etwa Albert Camus in der Jugend Vorbild war und bis heute Bezugspunkt seines politischen Handelns geblieben ist, darüber gibt er gerne Auskunft, um bereits im nächsten Halbsatz zu betonen, wie schnell man mit Camus an seine Grenzen gerät: „Das ist nur ein Fenster, das ich jetzt mal kurz aufmache, um quasi die Begründungsstrukturen hinter meinem Denken zu erläutern. Dann mache

---

[5] So Habeck im Gespräch mit Christian Möller, *Das Lesen der Anderen*, 17.03.2021, online unter: https://daslesenderanderen.de/episodes/6-robert-habeck-und-die-kirschen-von-alfred-andersch/ (bei 33:30 Min.).

ich das schnell wieder zu, und wenn ich heute Abend bei Markus Lanz sitze, dann will der nichts von Camus wissen. Und das soll er auch mal nicht."⁶

Habeck weiß also um Gelegenheiten und Opportunitäten; er kennt die Relevanz der richtigen *occasione*; er ist sich der Chancen und auch der Grenzen bestimmter Sätze bewusst und verbirgt auch nicht, dass er all das weiß. Wie ein jeder von uns spielt der Grünen-Politiker verschiedene Rollen – nur legt er dieses Spiel auch noch offen. Wie nie zuvor in der deutschen Politik thematisiert Habeck die Grundlagen seines öffentlichen Sprechens und das persönliche Ringen um den richtigen Tonfall. Dabei bespielt er ganz unterschiedliche Kanäle: Die lange Form des Interviews, die es ihm erlaubt, sich ausführlich selbst zu erklären und bisweilen auch sehr persönlich zu sprechen, genießt er ganz offensichtlich; das Soziale Medium *Instagram*, dem er anders als *Twitter* nicht den Rücken gekehrt hat, gestattet es ihm, den Anschein von Nahbarkeit und Beiläufigkeit zu vermitteln, ohne sich jedoch der Gefahr der Distanzlosigkeit auszusetzen; und das Genre des politischen Sachbuchs nutzt Habeck dazu, die eigene politische Kommunikation zum Thema zu machen. Denn Habeck weiß um die performative Kraft politischen Sprechens. Sein vorletztes Buch, *Wer wir sein könnten* (2018), im Grunde eine Einführung in die politische Sprechakttheorie, beginnt mit folgendem Satz: „Sprache schafft die Welt. Sie ist nie nur Abbildung von ihr, sondern bringt sie immer auch hervor" (Habeck 2018, 9). Habeck spricht also nicht nur als Politiker zu den Bürgerinnen; er deckt sogar die Logik, die Machart und die Fallstricke der eigenen politischen Kommunikation auf. In gewisser Weise ist er also politischer Akteur und Beobachter zugleich.

---

⁶ Ebd. (bei 29:10 Min.).

Staatstragende Flapsigkeit

In seinem Ringen um eine neue Form des politischen Sprechens geht es Habeck nun keineswegs um ästhetische oder stilistische Fragen. Vielmehr ist er davon überzeugt, dass sein adressiertes Gegenüber nach einem anderen Sprechen verlangt, schon deshalb, weil sich die Gesellschaft auf eine Weise verändert hat, dass man anders über sie sprechen muss:

„Vielleicht sollte man den Spieß umdrehen und sollte nicht mehr daran glauben, dass die Gemeinsamkeit und Geschlossenheit einer Gesellschaft der Normalzustand ist, sondern eher die Ausnahme. Jedenfalls für die Moderne spricht viel dafür, es so zu sehen. Dann wäre die politische Aufgabe nicht, die *eine* Geschichte zu finden, sondern zu lernen, damit umzugehen, dass verschiedene Geschichten nebeneinanderstehen." (Habeck 2021, 288)

Der Bundeswirtschaftsminister, gerade weil er als sozialwissenschaftlich informierter Beobachter von Politik spricht, nimmt die Diagnosen um die Herausbildung fragmentierter Öffentlichkeiten und die fortschreitende Singularisierung in der Gesellschaft, zumal im eigenen Wählermilieu, ernst. Für die „gesellschaftswissenschaftlich informierte und lebensweltlich grundierte Reflexion",[7] die seine öffentlichen Äußerungen prägten, erhielt er 2023 dementsprechend auch den Ludwig Börne Preis, verliehen vom Mitherausgeber der *Frankfurter Allgemeine Zeitung* Jürgen Kaube. Aber gerade für einen derart gesellschaftswissenschaftlich Informierten stellen sich enorme Herausforderungen an politische Kommunikation: Schließlich muss diese damit rechnen, dass es heute nicht mehr so einfach ist, Bürger hinter einem gemeinsamen politischen Projekt zu versammeln. Parteibindungen sind brüchig, politische Themenkonjunkturen volatiler und

---

[7] So Jürgen Kaube in seiner Laudatio bei der Verleihung des Ludwig Börne Preises 2023.

Begeisterungen unberechenbarer geworden. Es bedarf daher nicht nur verschiedener paralleler Erzählungen, sondern womöglich auch verschiedener Formen politischer Ansprache und wechselnder Tonfälle.

Habeck ist nun keineswegs der erste Politiker, der derartige Formen der Modulation beherrscht – man sollte nicht den Fehler machen, sich etwa Ilse Aigner oder Peter Altmaier zu eintönig vorzustellen –, und doch liefert Habeck uns ein Beispiel für einen besonderen Umgang mit Paradoxien. Schon das unter seiner Führung als Parteivorsitzender entstandene Grundsatzprogramm der Grünen aus dem Jahr 2020 hat das deutlich gemacht. Nicht nur der Untertitel „Veränderung schafft Halt", sondern das gesamte Programm spielt mit der Kopplung von Werten, die wir üblicherweise auseinanderhalten. So gelte es etwa, individuelle Selbstverwirklichung und Beschränkung zusammenzudenken, die Sorge um die Natur mit einem neu gewonnenen Technikoptimismus zu versöhnen oder Reflexivität und Selbstkritik mit Tatkraft in Einklang zu bringen. In der modernen Gesellschaft gerate daher die Fähigkeit, vermeintlich disparate Werte in Beziehung zu setzen, zunehmend zu einer Art politischem Meta-Wert (MÜLLER/SÉVILLE 2022b).

Das Gegenüber, an das sich die Grünen, aber vor allem Habeck wenden, ist eines, das sich durch Lernbereitschaft und Ambiguitätstoleranz auszeichnet, das in der Lage ist, jenseits von links und rechts zu denken, und vor Paradoxien nicht zurückschreckt. Denn vielleicht, so Habeck, „kann man auf ein Paradox erfolgreich nur mit einer paradoxen Intervention antworten, um mit ihm fertigzuwerden" (HABECK 2021, 21). Habecks öffentliche politische Ansprache muss ihrerseits als eine solche paradoxe Intervention gewertet werden. Wenn er seinen Politikstil, wie weiter oben bereits erwähnt, als *selbstkritisches Kämpfen* beschreibt, dann ist das durchaus vielsagend. Ist Habeck doch darum bemüht, zugleich die potenzielle Richtigkeit und Legitimität anderer politischer Meinungen *und* die eigene Überzeugung zu kommunizieren. Zu diesem Zweck soll ein lernendes, aber zugleich autoritatives Sprechen gelingen; ein Sprechen, das darum weiß, dass nicht nur viele andere mitsprechen können und wollen, sondern dass diese vielen anderen womöglich auch noch gute Gründe für Gegenpositionen angeben können. Der eigene Zweifel, das eigene Ringen und auch die Unfertigkeit der eigenen Gedanken werden hierbei zu Argumenten einer Politik, die auf der Suche ist nach einer „Sprache, die Alternativen zulässt" (Habeck 2018, 20).

Hier werden der Modus der Selbstkritik und das Dauergespräch mit sich selbst zur Lösung des Problems von Standfestigkeit und Verbindlichkeit. Es ist die kritische Introspektion eines konkreten politischen Subjekts, das zu uns spricht, dabei seine Zweifel offenlegt und so doch autoritativ auf seine aus dem Zweifel geborenen Überzeugungen verweisen kann. Die Akzeptanz des Unfertigen sowie die Reflexion der Reflexivität werden hierbei zu neuen politischen Tugenden.

„Politiker zu sein heißt heute, öffentlich über Lösungen nachzudenken. Es heißt nicht unbedingt, jederzeit fertige Konzepte zu haben. Ich habe oft genug erlebt, dass ich keine Antworten hatte, und habe das auch oft genug zugegeben. Immer mal wieder musste ich sagen: Weiß ich noch nicht genau, ich weiß nur, dass wir neue Antworten geben müssen." (Habeck 2016, 35)

Habeck landet also letztlich bei der Idee eines politischen Selbst, das in reflexiven Rückkopplungsschleifen gefangen um permanente Autokorrektur bemüht ist, aber doch auch Herrschaft ausüben muss und vor allem auch ausüben *will*. Denn ein Politiker, zumal mit Ministerposten, kann nicht aus dem Amt heraus Alternativen zum eigenen Programm verkünden – er muss bis zu einem gewissen Punkt Zweifel am eigenen Tun verbergen. Auch Habeck muss Entscheidungen treffen, Gesetzesvorlagen verfassen und Durchsetzungsfähigkeit demonstrieren. Und doch entzieht sich Habeck eben so mancher jener etablierten Unterscheidungen, die üblicherweise zur politischen und intellektuellen Selbstpositionierung herangezogen werden. Auf der einen Seite inszeniert er sich als jener einst von Carl Schmitt geschmähte deutsche Romantiker, dem die originelle Vorstellung des ewigen Selbstgesprächs eigentümlich ist (SCHMITT 1922, 59); auf der anderen Seite sieht er sich durchaus als Mann der Tat und der politischen Entschlossenheit. Manchmal verweist auch er – selbstgequält – auf schiere Notwendigkeiten, auf die *necessità*, wenn es um unliebsame Entscheidungen wie beispielsweise 2022 um eine zeitweilige Laufzeitverlängerung von Atomkraftwerken oder um die Suche nach Energie-Verbündeten in Katar geht.

Besonders deutlich wird diese Entschlossenheit aber vor allem in jenen Momenten, in denen der sonst so kommunikative Habeck darauf verzichtet, sich öffentlich zu erklären – wie etwa in den Wochen der Debatten um eine Gaspreisbremse im Frühjahr 2023. Auch sein anfängliches Festhalten am Staatssekretär Patrick Graichen ebenfalls im Frühjahr 2023, als dieser die Compliance-Regeln des Ministeriums in den Augen Habecks zunächst nur strapaziert, dann aber doch gebrochen hatte, weil er den Vorwurf der Vetternwirtschaft nicht entkräften konnte, zeugt von einem Willen zur leisen Loyalität. Die Kommunikationsemphase Habecks ist eben nur die eine Seite der Medaille, deren andere Seite das Insistieren auf Diskretion ist. So konnten ausgerechnet bei den basisdemokratischen Grünen Robert Habeck und Annalena Baerbock in gemeinsamer Klausur die Entscheidung über die Kanzlerkandidatur unter sich ausmachen und bis heute über die Gründe ihrer Rollenverteilung im Wahlkampf

2021 schweigen. Ähnliches ließe sich auch über die Koalitionsverhandlungen zwischen SPD, Bündnis 90/Die Grünen und FDP nach der Bundestagswahl sagen, bei denen es keine verräterischen Tweets und kein Durchstechen von Personalien gab, was den Medienbetrieb der Hauptstadt durchaus ratlos und genervt zurückließ. Und just diese Bundesregierung untergräbt die Mitwirkungsrechte der Bundestagsabgeordneten derart, dass im Sommer 2023 das Bundesverfassungsgericht in einem Eilverfahren entschied, die Lesungen zum Gebäudeenergiegesetz seien auszusetzen, da die Parlamentarier sonst nicht genügend Zeit zur Durchsicht geänderter Vorlagen hätten.

Wir haben es also mit einer beachtenswerten Form *dialogbereiter Diskretion* zu tun (SÉVILLE/MÜLLER 2022). Bereits in jener zu Beginn zitierten Antrittsrede Habecks als Bundeswirtschaftsminister, in der er zunächst den zwanglosen Zwang des besseren Arguments betonte, wurde diese Dialektik von Dialogemphase und Dialogverweigerung deutlich, hieß es da im weiteren Verlauf der Rede: „Umgekehrt, so offen wir miteinander diskutieren wollen und den besten Weg suchen, würde ich darum bitten, dass nach außen wir geschlossen agieren. Dass das, was Politik und auch ein Ministerium manchmal so unattraktiv macht, das Schlechtübereinander-Reden, das Durchstechen, nicht passiert; die Offenheit nach innen und die Loyalität nach außen, das soll das Markenzeichen der nächsten vier Jahre werden."[8]

Habeck ist sich der Notwendigkeit arkaner Räume sehr wohl bewusst. Eine Politik ohne das Arkane ist auch für einen Grünen wie ihn undenkbar. Gerade das Ausstellen von Kom-

---

[8] Habecks Rede zur Amtsübernahme im Ministerium am 08.12.2021; online unter: https://www.youtube.com/watch?v=9DdSyJWleAA (ab 26:49 Min.).

munikationsbereitschaft und die Offenlegung eigener Zweifel ermöglicht Habeck eine neue Form von Arkanpolitik, die das Verhältnis von Diskretion und Kommunikation neu auslotet: Das Arkane ohne Deliberation ist leer, Deliberation ohne das Arkane bleibt wirkungslos. Nie jedenfalls erlebt man Habeck so einsilbig und schmallippig wie im Falle von Indiskretion.

Es sind genau solche Situationen, in denen sich dann auch besonders deutlich zeigt, wie riskant die Habeck'sche Kommunikation ist: Wenn er etwa in den *Tagesthemen* sein Leiden an der fehlenden Geschlossenheit innerhalb der Regierungskoalition ausstellt, dann wirkt das wahlweise entwaffnend ehrlich oder doch schlichtweg naiv. Habeck nimmt dieses Risiko in Kauf, ja setzt es sogar politisch ein. Schließlich greift der Vorwurf der Naivität ein Sprechen wie das Habeck'sche, das das Unfertige wertschätzt, das autoritativ, aber nicht autoritär, verbindlich, aber nicht apodiktisch sein will, das sich selbstkritisch, aber durchaus auch entschlossen gibt, weniger stark an als andere Formen politischer Kommunikation. Habecks Art, politisch zu sprechen und bisweilen sogar naiv zu wirken, ermöglicht ihm bis zu einem gewissen Grad eine Glaubwürdigkeit und Nahbarkeit. Dies ist ihm durchaus ein programmatisches Anliegen, wie er schreibt: „Meine Arbeit, ja meine Vorstellung von Politik ist, die Distanz zwischen Menschen, die Distanz zwischen den Typen, die man aus dem Fernsehen kennt, und denjenigen, die von politischen Entscheidungen betroffen sind, zu verringern, nahbar zu sein, Nähe zuzulassen, Kontakte und Begegnungen zu ermöglichen und zu erleben." (HABECK 2021, 12)

Nicht zufällig verschränkt Habeck in seiner öffentlichen Kommunikation immer wieder ganz bewusst das Politische und das Private. Bereits der erste Satz des jüngsten Buchs von Robert Habeck lautet: „Dies ist ein persönliches Buch über ein politisches Problem." (HABECK 2021, 9) Wenn man wie er darum bemüht ist, Gegenstimmen anzuhören und Gegenargumente in Betracht zu ziehen, um selbstkritisch zu kämpfen, dann heißt es auch mitzuteilen, inwiefern man den eigenen Standpunkt sorgfältig überprüft hat und schließlich doch zu einem Entschluss gekommen ist. Habeck führt vor, wie diese Verbindung von Selbstkritik und Kampf gelingen kann: Nicht selten ist es nämlich die eigene authentische Erfahrung, auf die sich Habeck an dieser Stelle bezieht. So berichtet er von Gesprächen mit den Fischern in Schleswig-Holstein, von Erfahrungen im Umfeld eines Vortrags an der *London School of Economics*, von Erlebnissen während einer Zugfahrt oder von Bemerkungen eines Bekannten, der nach einer Phase der Arbeitslosigkeit heute Schlachter in Dänemark ist. Diese Verweise auf die eigenen Erfahrungen und Erlebnisse gestatten zumindest eine temporäre Unterbrechung von Reflexion und Kommunikation als Möglichkeitsbedingung politischen Handelns und kollektiv verbindlichen Entscheidens. Denn Habeck erzählt sich als ein Subjekt, das Erfahrungen gemacht hat, aus diesen Erfahrungen gelernt hat und gerade deshalb zur Tat übergehen kann.

Nun zeichnet es authentische Erfahrungen aus, dass diese sich nicht ohne Weiteres generalisieren lassen und sich Diskursivität und Kritik daher auch ein Stück weit entziehen. Während Entscheidungen immer anfechtbar sind, sind es die eigenen Erfahrungen nicht so leicht. Wenn man so will, ist also auch die authentische Erfahrung, *normativ betrachtet, aus einem Nichts geboren*. Vor diesem Hintergrund kann die derzeit keineswegs nur bei Habeck beobachtbare Biographisierung eigener politischer Werte und auch Entscheidungen als ein Versuch verstanden werden, sich der Kommunikationsdynamik von Erklärung und Anfechtung zumindest punktuell zu entziehen.

Wiederum führt Habeck eigentlich Unpassendes zu einer kohärenten Redeweise zusammen. Das zeigt sich aber keineswegs nur in den Berichten authentischer Erfahrungen; auch jene flapsigen Wendungen, die das Habeck'sche Sprechen kennzeichnen, sind in diesem Zusammenhang bemerkenswert. So kommentierte er etwa im Sommer 2022 im *heute journal*, warum jeder Einzelne den Energieverbrauch senken müsse, es aber auch bei gestiegenen Preisen keine allgemeine Energiesparprämie geben könne, mit der läppischen und betont hingeworfenen Bemerkung „Kriegst du nicht, Alter!" Selbst als Minister streut Habeck immer wieder betont umgangssprachliche Sätze ein, um im darauffolgenden Satz wieder mit einigem Pathos die eigene staatspolitische Verantwortung zu betonen. An Wilhelm Hennis' Apologie des Amtsgedankens erinnernd kann er dessen eminente Bedeutung betonen:

„Aber als ich die Eidesformel als Minister gesprochen habe, hat mir das auf einmal sehr viel bedeutet. Und das war eine merkwürdige Erfahrung. Die Eidesformel, die ja sehr formal und pathetisch ist – ‚Ich schwöre, meine Kraft dem Wohle des deutschen Volkes zu widmen.' – die Eidesformel war nämlich gar nicht für den Staat, sondern für den, der schwört, für mich. Das war überraschend. Diese Worte haben mir geholfen, das zu formulieren, was ich gespürt habe, aber noch nicht denken konnte, weil ich es nicht auszusprechen vermochte." (HABECK in SCHLIESKY 2017, 96)

Habeck begreift sich selbst als leidenschaftlicher Staatsdiener. Er hat *ambizione* und stellt das auch so emphatisch wie möglich und ohne jede Scham heraus. Die Möglichkeit des Regierens versteht er ausdrücklich als „Privileg";[9] er will in seinem Amt gestalten, will Macht ausüben und dabei doch „demütig"

---

[9] So Habeck im Gespräch mit Caren Miosga in den *Tagesthemen* vom 21.03.2023, online unter: https://www.ardmediathek.de/video.

bleiben (HABECK in HILDEBRANDT/HENSEL 2021). Habeck verbindet in diesem Zitat nicht nur die Idee des von der Person absehenden und abstrahierenden Amtseides mit der einer persönlichen, subjektiven Erfahrung und liefert uns ein Beispiel dafür, dass das Verhältnis von öffentlichem Amt und Person neu justiert wird. Die Markierung von Subjektivität wird mitunter zu einem Testfall professionellen Sprechens umgedeutet. Auch macht Habeck deutlich, dass er seinem Eid erst durch die Gleichzeitigkeit einer *flapsigen Gravitas* bzw. einer *gravitätischen Flapsigkeit* gerecht wird.

Universale Subjektivität

Im Jahr 2022 wurde Kim de l'Horizon für den Roman *Blutbuch* mit dem Deutschen Buchpreis ausgezeichnet. Bei der Preisverleihung wurde das anwesende Publikum Zeuge einer bemerkenswerten Rede und Performance: In der Frankfurter Paulskirche sprach Kim de l'Horizon nicht nur Dankesworte, sondern rasierte sich auch die Haare ab, um ein Zeichen der Solidarität mit den Frauen im Iran zu senden, die zeitgleich durch das Abschneiden ihrer Haare gegen ihre Unterdrückung im autoritär-theokratischen Regime protestierten. Aber nicht nur diese Geste, auch die Erklärung, die Kim de l'Horizon dazu abgab, liefert ein beachtenswertes Beispiel gegenwärtiger öffentlicher Rede. Hier zeigen sich sehr deutlich Verschränkungen von Selbstpräsentation und repräsentationalem Sprechen sowie Verknüpfungen von Universalem und Subjektivem.

Mit *Blutbuch* hat Kim de l'Horizon einen autofiktionalen Roman vorgelegt, in dem es um die Thematisierung von Identität und persönlicher Befreiung, von Trauma und Intimität im Modus des Halbfiktionalen geht. Wie Kim de l'Horizon selbst versteht sich auch „[d]ie Erzählfigur [...] weder als Mann noch als Frau und ringt nach einer Erkrankung der Großmutter mit der eigenen und der Familiengeschichte."[10] Erzähltes Ich und Autor-Ich werden derart verwoben, dass das Spiel um realen Gehalt und Authentizität, um Einzigartigkeit und Generalisierbarkeit der erzählten Geschichte

---

[10] So heißt es im Klappentext von *Blutbuch*.

doppelt gespielt werden kann: Auf der einen Seite kann Kim de l'Horizon die eigene Position in der Erzählung ironisch und ästhetisch brechen und mittels Fiktionalisierung Distanz zur Erzählung sowie zum erzählten Ich einnehmen; auf der anderen Seite gelingt es autofiktionalen Texten aber offensichtlich besonders gut, andere durch die Verarbeitung des eigenen Lebens und des subjektiven Erlebens zu affizieren und Nähe zu erzeugen. Nicht zuletzt der Nobelpreis für Annie Ernaux, auch die durchaus etwas merkwürdige Obsession des deutschen Feuilletons mit Didier Eribons *Rückkehr nach Reims* und der Erfolg der Bücher etwa von Édouard Louis, Deniz Ohde, Steffen Mau oder Lea Ypi haben gezeigt, wie gut sich ein derart autofiktionaler Zugang als Grundlage politischer und allgemeiner Analysen und Botschaften eignet. Gerade durch die Thematisierung des Subjektiven und Intimen wird eine gesamtgesellschaftliche Problemlage erzählbar, die durch die Biographie von Erzähler und / oder Autor authentifiziert werden kann. Dieses literarische Format stillt also nicht nur das Bedürfnis nach vermeintlich echten Geschichten, sondern ermöglicht es vor allem, im Kleinen und Singulären ein großes Ganzes erkennen zu können. So gelingt es Autofiktion als Format, Sendungsbewusstsein mit Selbstdistanzierung und künstlerische Pose mit politischem Ernst zu verbinden.

Vor diesem Hintergrund überrascht es auch nicht, dass Kim de l'Horizon im Zuge der Preisverleihung 2022 kundtat, *Blutbuch* sei „mehr" als ein Roman. Das Buch ziele vielmehr auf eine „kollektive Heilung". Kim de l'Horizon verriet, wie sich dieses gesellschaftspolitische Ziel mit der Erzählung der individuellen Identitätssuche des erzählten nicht-binären Ichs verschränken lässt: „Ich glaube gar nicht an dieses Selbst", „alle [seien] untrennbar miteinander verschlungen und voneinander durchdrungen"; schließlich sei das Thema des Romans ein „kollektives". Offensiv erklärte Kim de l'Horizon in einem Gespräch auf der Frankfurter Buchmesse, der Preis und die dadurch entstandene Aufmerksamkeit böten „eine Chance, um für die politischen Anliegen, die ich habe, einzustehen". Diese Anliegen sind klar benannt: Es geht um die Sichtbarkeit des Unpassenden, um die öffentliche Präsenz anderer Geschlechtsidentitäten und marginalisierter Existenzweisen, die womöglich durch die Lektüre des Werks einen eigenen „Heilungsprozess" durchlaufen könnten.[11] Gerade die Erfahrung der eigenen Markierung und damit auch die Verletzbarkeit der eigenen Identität sensibilisiere, so Kim de l'Horizon, für gesellschaftliche Machteffekte jedweder Art. Die Formulierung dieser politischen Anliegen ist insofern interessant, als damit die Frage aufgeworfen wird, wie man heute glaubwürdig für sich selbst, im Namen einer Sache und gegebenenfalls auch noch für andere sprechen kann. Was geschieht mit politischen Anliegen, wenn als Leitmotive der öffentlichen Selbsterzählung und Selbstpositionierung doch in erster Linie Besonderheit, Singularität und Subjektivität dienen?

Wir kennen freilich auch andere Redeweisen, bei denen ein Einzelfall oder ein individuelles Schicksal zur Veranschaulichung eines allgemeineren Problems herhalten soll: So kann eine Biographie für gesellschaftliche Gemengelagen exemplarisch und sein individuelle Konflikte können als symptomatisch verstanden werden. Gerade die Sozialwissenschaften haben sich seit jeher daran gemacht, das Verhältnis von Subjekt und Gesellschaft als ein sich wechselseitig bedingendes in den Blick zu nehmen. Ebenso wird in der klassischen Rhetorik von einer gelungenen Rede erwartet,

---

[11] So Kim de l'Horizon im Gespräch mit Cécile Schortmann auf der Frankfurter Buchmesse 2022, online unter: https://www.youtube.com/watch?v=4SL-veVB3Mk.

an einem konkreten Beispiel oder einem Einzelfall etwas Verallgemeinerbares zu illustrieren – etwa die Verwerfungen des Kapitalismus an den „Schlecker-Frauen" oder die Dysfunktionalität des Pflegesystems am Fall eines erschöpften Pflegers.

Auch Kim de l'Horizon ist von uns durchaus exemplarisch gewählt und soll eben beispielhaft eine neue Redeweise vorführen, die sich für politische Kommunikation, aber auch für die Idee politischer Repräsentation und Vergemeinschaftung als folgenreich erweisen könnte. Dies wird besonders deutlich an einem Gastbeitrag, den Kim de l'Horizon für die *Neue Zürcher Zeitung* veröffentlichte. Dort werden zwei Gewalterfahrungen beschrieben: zum einen ein Schlag ins Gesicht in der Berliner U-Bahn, weil sich jemand am Äußeren Kim de l'Horizons störte; zum anderen eine Aussage des Schweizer Bundesrats Ueli Maurer, der bei einer Pressekonferenz im September 2022 zu seinem Rückzug erklärt hatte: „Ob meine Nachfolgerin eine Frau oder ein Mann ist, ist mir egal. Solange es kein ‚Es' ist, geht es ja noch." (DE L'HORIZON 2022) Kim de l'Horizon beschreibt im weiteren Verlauf des Gastbeitrags die eigenen Gefühle und Gedanken als attackierte nicht-binäre Person:

„Ich möchte durch diese Wunden sprechen, aber nicht als ein ‚Wir'. Denn ich spreche nicht für ‚die' trans* und nonbinären Menschen. Es gibt keine Gender-Ideologie, keine Queer-Propaganda, kein Netzwerk von sich verschwörenden Einhörnern, die die Weltmacht erlangen wollen. Es gibt Menschen wie mich, die vor allem in loser Community zueinanderhalten, weil wir angefeindet, geschlagen und getötet werden. Aber ich spreche nicht für diese Community, weil es auch darin keinen Konsens gibt. Ich spreche nicht aus einer Position der Übermacht. Ihr Johns und Uelis fühlt euch von ‚uns' bedroht, aber dieses Wir bedroht euch gar nicht. Ich kann euch nicht bedrohen. Ich spreche nur für mich. Was also bedroht euch? Wenn nicht ‚Ich' es bin, dann muss es das sein, wofür ich stehe. Wofür stehe ich in euren Augen? Ich stehe nicht für eine politische Partei oder eine euch auslöschende Macht. Ich stehe nicht für die Menschen, die sagen, dass alte weisse Männer der Kern allen Übels sind. Nein, denn Frauen wie Alice Schwarzer oder Joanne K. Rowling bekämpfen ja auch Körper wie den meinen. Ich – stehe – für – mich." (DE L'HORIZON 2022)

Faszinierend an diesem Textausschnitt ist, wie deutlich hier der Gestus der Repräsentation, also die Fürsprache im Namen einer Gruppe abgelehnt wird. Wenn überhaupt, verbänden gemeinsame Erfahrungen, aber es gebe keine gemeinsame Agenda, dafür seien bestehende Allianzen letztlich zu diffus. Man stehe ja vor allem in den Augen anderer für etwas. Im Namen dieser „losen Community" öffentlich zu sprechen, wäre ebenso anmaßend wie falsch. Die Logik der Repräsentation reproduziere daher nur die Logik einer kollektivierenden Zuweisung. Stattdessen spricht hier jemand ausdrücklich *für sich*. Dieser Gastbeitrag einer öffentlichen, von Verletzungen konkret betroffenen Person lehnt es daher ab, Repräsentationsansprüche qua öffentlicher Sprecherposition zu erheben und berichtet vielmehr vom *eigenen* Erleben. Kim de l'Horizon spricht einzig für die eigene Sache, hier begegnet uns jemand als Fürsprecher des eigenen Lebens und der eigenen Betroffenheit.

Genau aus diesem Grund wird die Form der persönlichen Ansprache gewählt. Kim de l'Horizon wendet sich im weiteren Verlauf des Beitrags direkt an Ueli Maurer: „Ich fordere Sie nicht heraus, werfe keinen Fehdehandschuh, möchte keine politische Podiumsdiskussion, kein mediales Grossaufgebot, ich fordere nichts. Ich biete Ihnen nur an, zu zeigen, wie ich lebe, und ich würde gerne sehen, wie Sie leben." (DE L'HORIZON 2022) Statt für Debatte oder Konfrontation wird hier also für die Möglichkeit der Empathie plädiert. Die Einsicht in das *Leben* des anderen könnte Verständnis füreinander herstellen. Was auf den ersten Blick charmant und plausibel wirken mag, ist in der Tat bemerkenswert, zeigen sich in diesem Angebot doch ein gewissermaßen antidiskursives Element und die Verweigerung einer dezidiert politischen Agenda. Um Diskriminierung entgegenzuwirken und Konflikte zu bearbeiten, soll eben nicht gestritten, sondern voreinander gelebt werden. Es handelt sich hierbei um den Vorschlag einer sentimentalen und sehr persönlichen Konfrontationstherapie. Das Angebot des wechselseitigen Einblicks ins private Leben und die Möglichkeit des Vergebens treten an die Stelle des harten, öffentlichen Disputs. Mehr noch, hier attestiert sich selbst jemand die Fähigkeit zur Vergebung und die entsprechende Macht, die daraus entsteht, wenn es weiter heißt: „Dennoch kämpfe ich nicht gegen Sie. Ich vergebe Ihnen. Ich habe kein Interesse, zu dominieren. Ich möchte den Kreislauf von Unterliegen und Unterwerfen, von Schwarz gegen Weiss durchbrechen. Sie schicken mir Fäuste, ich küsse sie. Sie leugnen meine Existenz, ich blühe." (DE L'HORIZON 2022)

Es ist diese spezielle Form der Ansprache (KIRCHMEIER 2023), die diesen Gastbeitrag so interessant macht. In einer Zeitung – also in der medialen Situation von *one-to-many* – wendet sich Kim de l'Horizon direkt an Täter und Schläger und wechselt sodann von der Form des Zeitungsbeitrags zu einem persönlich adressierten Brief: „Lieber Herr Maurer. Ich wende mich nun *nur an Sie* [...]." (DE L'HORIZON 2022) Die Vermittlung einer authentischen Erfahrung und der Verweis auf die eigene Lebenswelt bauen auf die direkte Ansprache. Von dieser rhetorisch erzeugten Unmittelbarkeit zehrt die Kommunikation von Verletzungen. Vor allem aber erschwert es eine derart persönliche, bilaterale Korrespondenz, mit den gewohnten Mitteln öffentlicher und entpersonalisierter Debatte zu reagieren.

Halten wir also fest: Kim de l'Horizon widmet den Buchpreis all den protestierenden Frauen im Iran, bezweckt eine politische Solidarisierung qua dramatisch inszenierter Geste und benennt ein dringendes gesellschaftspolitisches Anliegen.[12] Andererseits aber weigert sich Kim de l'Horizon ausdrücklich, *für andere* zu sprechen. Was auf den ersten Blick widersprüchlich wirkt, berührt einen der zentralen Konflikte der politischen Gegenwart: Wer kann und darf legitimerweise für wen sprechen, wer darf wen repräsentieren, ohne sich dem Verdacht der Bevormundung und Aneignung auszusetzen? Am Fall Kim de l'Horizon erkennen wir eine Strategie, bei der die Widmung als rein performative, aber gerade nicht repräsentative Brücke zwischen einem singulären, aber „verschlungenen" Ich und der Welt sowie die Form der Selbstpräsentation und direkten Ansprache Abhilfe schaffen. Es handelt sich hierbei weniger um einen Repräsentationsanspruch, sondern um ein Identifikations-, wenn nicht gar ein Inkarnationsangebot (SAWARD 2010; DIEHL 2015). Ein derartiges Angebot hadert damit, eine Gemeinschaft behaupten zu können, gerade weil die Idee einer stabilen Identität und die eindeutige Zuordnung zu Kollektiven so problematisch geworden sind. Stattdessen werden wir aufgefordert, einer leibhaftigen Person zuzuschauen und zuzuhören – und genau darin ein Politisches, ja womöglich ein Allgemeines zu erkennen.

Mit Recht ließe sich nun einwenden, warum die Öffentlichkeit überhaupt Interesse haben sollte an einer individuellen Lebensweise und an subjektiver Betroffenheit. Warum

---

[12] Dass diese Geste sogleich entsprechend kritisch diskutiert und dass gefragt wurde, ob es sich hierbei um Anmaßung oder die Vereinnahmung fremder Protestformen im Dienste der Selbststilisierung handle, dürfte nicht verwundern; so etwa POLLATSCHEK 2022.

erfährt die Erzählung des subjektiven Erlebens derzeit eine derartige Aufmerksamkeit? An dieser Stelle lohnt es sich, einen zweiten Fall in den Blick zu nehmen, in dem auf vergleichbare Weise die Ebenen von Literatur und Biographie sowie politischem und poetologischem Selbstkommentar durchkreuzt werden: das Corona-Tagebuch von Carolin Emcke. Nun dienen Tagebücher seit jeher der Kommunikation von Intimität (LEJEUNE 2014), und doch ist bemerkenswert, wie Emcke ihren Alltag und ihre Gefühlswelt unter den Bedingungen der Einschränkungen im April 2020 erzählt und ihre Leserinnen an ihren Gedanken und an ihrem Leben teilhaben lässt. Sie schwankt dabei zwischen gesellschaftspolitischen Kurzanalysen und Berichten aus ihrem Innenleben. Dieses Tagebuch, das den Titel *Journal* trägt, der in der eigenen Handschrift der Autorin auf dem Cover notiert ist, erschien in Teilen als Kolumne in der *Süddeutschen Zeitung*, was auch erklärt, warum Emcke zunächst über den Status des eigenen Texts reflektiert und diesen in den Kontext der sukzessiven Erforschung des Virus einordnet.

„Es ist auch ein epistemologischer Stresstest für die Gesellschaft: […] es ist ein dynamischer Lernprozess. Wir werden später wissen, wie wir uns geirrt haben. Ein Journal wie dieses wird auch ein Journal der Fehleinschätzungen sein, der falschen Töne und Begriffe, das wird sich erst nachträglich zeigen, es kann nur die sich verändernde Zeit und mein Nachdenken darin bezeugen. Das Schreiben hilft." (EMCKE 2021, 19)

Angesichts der Vorläufigkeit des Wissens reklamiert Emcke ein gesteigertes Bewusstsein der eigenen Fehlbarkeit – sie kann und will nicht behaupten, zeitlos richtige, allgemeinverbindliche Sätze schreiben zu können, weil diese immer rückgebunden an ihre Person und an den Status ihrer Entstehung bleiben. Die eigene Perspektive ist daher eine bedingte und begrenzte, nicht zuletzt, weil das Journal Einsichten in das *subjektive* Erleben der Pandemie liefern will. Emcke versucht aber gerade aus ihrer – maßvoll limitierten[13] – Offenlegung von Intimität die Stärke ihrer Texte zu gewinnen. So wird also die epistemische Standpunkttheorie, der zufolge das Gesagte immer auf den Ort eines Sprechers verweist (Harding 2003), im weiteren Verlauf des Textes geradezu literarisiert.

„Was ich in Berlin schreibe, taugt nicht einmal als Eindruck von Berlin. Wie auch? Es ist nur ein Zeugnis aus dieser Stadt, von dieser Gegend, dieser schreibenden Person. Und es steht jeden Tag in brutalem Missverhältnis zu dem, was in New Orleans oder Bagdad oder nur in Wuppertal geschrieben würde. Früher ließ sich gegen die Scham des Privilegs anreisen. Konnte ich mit dem Wissen über die eigenen Verstrickungen in das Elend, das kein Elend, sondern Unrecht ist, schreiben. Das geht im Moment nicht." (Emcke 2021, 65)

In der Pandemie, das wird der ehemaligen Studentin von Jürgen Habermas klar, ist Emcke nun plötzlich auf sich selbst zurückgeworfen, in einem Maße, wie das nicht vorherzusehen war. Die Möglichkeiten wechselseitigen Erkennens, Einfühlens und Verstehens sind auf einmal sehr begrenzt. Nicht Universalität und Intersubjektivität, sondern haltlose Subjektivität scheint fortan das Programm zu sein. Dass Emcke unter dieser solipsistischen Kondition leidet, ist nicht weiter erstaunlich:

„Aber die Alternative ist noch fragwürdiger: jede Möglichkeit des Verstehens, jede Möglichkeit der Zeugenschaft, jede Möglichkeit der Hinwendung zu anderen bestreiten, das wäre eine Absage an

---

[13] Ein kleiner Ausbruch Emckes macht eben diese bisweilen so anstrengende Selbstlimitierung deutlich: „Das ist wirklich das Ärgste, jenseits all der ökonomischen und politischen Sorgen, dieses Netz an Freund*innen zu vermissen. [...] So hatte ich mir mein Leben nicht vorgestellt. Langsam sehne ich mich nach einer Massen-Orgie" (Emcke 2021, 79).

die Vorstellungskraft, eine Absage an die Empathie, eine Verweigerung der Universalität. Das wäre nichts als radikale Egozentrik. [...] Es wäre auch eine merkwürdige epistemische Selbstverstümmelung: zu glauben, die eigene Position verunmögliche das Nachdenken über die Position anderer" (Emcke 2021, 66).

Es ist offensichtlich, wie sehr die Publizistin also um Universalität ringt und alles daransetzt, diese als Perspektive des eigenen Denkens zu retten und zumindest in den eigenen Gedanken, Erlebnissen und Kontakten zu finden. Wie schon bei Kim de l'Horizon wird deutlich, wie schwer es dabei ist, zwischen dem Öffentlichen, Kollektiven und Politischen auf der einen Seite und dem Privaten, Intimen und Subjektiven auf der anderen Seite zu trennen. Auch bei Emcke sind diese Sphären miteinander verschränkt – sie spricht, wie weiter oben zitiert, von „Verstrickungen":

„So ungemütlich es ist, aber es ist nicht Zufall, nicht Schicksal, kein Unglück, was wir betrachten, als habe es mit uns nichts zu tun. Es hat mit uns zu tun. Es sind eben jene Ungleichheiten, die wir tolerieren, es sind jene Ungerechtigkeiten, die wir produzieren, hier bei uns, lokal, aber eben auch global, die wir akzeptieren, jedes Mal, wenn wir uns ernähren, telefonieren, anziehen, bei jedem Produkt, das durch zahllose Hände und Orte wandert, bis es uns dient, es sind jene Lohngefälle, prekäre Beschäftigungsverhältnisse, jene sozialen Unsicherheiten, die wir gern als bedauerlich titulieren, aber dann doch selbstverständlich hinnehmen." (Emcke 2021, 53)

In der einzelnen Lebensführung, in individuellen Konsumentscheidungen und auch im alltäglichen Achselzucken zeigt sich Emcke zufolge immer auch ein Politisches. Schon die Idee einer unpolitischen Existenz- oder Lebensweise ist eine entlastende Illusion, eine bürgerliche Selbstlüge. Emcke stellt unmissverständlich klar, dass ihr die Vorstellung selbstgenügsamer Ichbezogenheit und eines billigen Privatismus zutiefst unsympathisch ist. Bereits in ihrem Werk *Gegen den Hass* hatte sie programmatisch gefordert, dass dies „[v]ielleicht […] der wichtigste Gestus gegen den Hass [ist]: sich nicht vereinzeln zu lassen. Sich nicht in die Stille, ins Private, ins Geschützte des eigenen Refugiums oder Milieus drängen zu lassen. Vielleicht ist die wichtigste Bewegung die aus sich heraus. Auf die anderen zu. Um mit ihnen gemeinsam wieder die sozialen und öffentlichen Räume zu öffnen." (EMCKE 2016, 20)

Mit Vehemenz wendet sich die Publizistin daher auch in ihrem Corona-Journal gegen den „depolitisierenden Auto-Fokus, den ich nicht ausstehen kann", und plädiert stattdessen für „das Glück der Freundschaft, aber auch der Empathie und des Engagements" (EMCKE 2021, 267). Es ist bemerkenswert, dass Emcke vor allem im Reisen und in Freundschaften die Hinwendung zur Politik und Öffnung hin zur Universalität erkennt. Hier geht es um persönliche Beziehungen aus dem Nahbereich, um Kontakte und Stimmen jenseits des globalen Nordens, in Krisengebieten, die sie durch ihre Reportagen normalerweise hörbar und sichtbar macht. Wenn diese Kontakte als Resonanzraum des eigenen politischen Bewusstseins und der eigenen publizistischen Agenda wie im Falle der Corona-Pandemie ausbleiben, dann tritt die politisch-gesellschaftliche Dimension des eigenen Lebens und damit der dem unausweichlichen Selbst verhafteten Existenz in den Vordergrund. Dann zeigt sich das Politische schließlich in einer Reflexion und Kommunikation dieses Selbst.[14] Es ist kein Zufall, dass Emcke sich in ihren Kolum-

---

[14] Ein wichtige Leseerfahrung für Emcke war Daniel Mendelsohns *The Elusive Embrace*, das sie sich zum Vorbild für ein reflektiertes, aber entschlossenes subjektives Schreiben nahm; so Emcke im Interview mit Christian Möller, *Das Lesen der Anderen*, 20.05.2021, online unter: https://daslesenderanderen.de/episodes/10-carolin-emcke-und-der-rhythmus-von-christa-wolf/.

nen, auf denen das *Journal* beruht, am Schluss der Einträge immer wieder direkt an ihre Leserinnen wendet und diesen wünscht, sie mögen auf sich aufpassen und gesund bleiben. Diese direkte Ansprache wurde auch in die Buchveröffentlichung aufgenommen.

Die Hinwendung zum Einzelnen kommt nicht von ungefähr: Auch in *Gegen den Hass* erhielt das Plädoyer für das Einzelne, das Konkrete, das Singuläre bereits eine dezidiert politische Bedeutung. Für Emcke zählt, sich gegen die Logik der falschen Verallgemeinerung und Abwertung des anderen zu wenden:

„Gehasst wird ungenau. Präzise lässt sich nicht gut hassen. Mit der Präzision käme die Zartheit, das genaue Hinsehen oder Hinhören, mit der Präzision käme jene Differenzierung, die die einzelne Person mit all ihren vielfältigen, widersprüchlichen Eigenschaften und Neigungen als menschliches Wesen erkennt. Sind die Konturen aber erst einmal abgeschliffen, sind Individuen als Individuen erst einmal unkenntlich gemacht, bleiben nur noch unscharfe Kollektive als Adressaten des Hasses übrig, wird nach Belieben diffamiert und entwertet, gebrüllt und getobt: *die* Juden, *die* Frauen, *die* Ungläubigen, *die* Schwarzen, *die* Lesben, *die* Geflüchteten, *die* Muslime oder auch *die* USA, *die* Politiker, *der* Westen, *die* Polizisten, *die* Medien, *die* Intellektuellen. Der Hass richtet sich das Objekt des Hasses zurecht. Es wird passgenau gemacht." (EMCKE 2016, 12)

Auch hier lässt sich eine Abwehr des Kollektivierenden und Ideologischen ausmachen. Gegen „Muster" des Hasses setzt Emcke auf „Präzision" – und auf „genaues Beobachten, nicht nachlassendes Differenzieren und Selbstzweifel" (EMCKE 2016, 16 ff.). Es erweise sich demnach als politisch, am eigenen Blick, an der eigenen Haltung und am eigenen Weltzugang anzusetzen; es gelte, nicht zu verallgemeinern, sondern zu differenzieren. Und wie schon bei Kim de l'Horizon soll die Erzählung des eigenen Lebens eine Form politischer

Teilhabe und Intervention darstellen und beim Gegenüber Verständnis erzeugen. Hierbei geht es gerade nicht um den Rückzug ins Private oder um das Programm individualistischer Vereinzelung – im Gegenteil: Auf dem Weg zum Allgemeinen müsse man aufeinander zugehen, sich persönlich ansprechen und vor allem sich selbst vor anderen erzählen. Das ist die entscheidende Justierung, die hier vorgenommen wird und die noch an Profil gewinnt, wenn man sie in ein Verhältnis zu etablierten philosophischen Unterscheidungen setzt.

Im Jahr 1970 erschien in der Zeitschrift *Merkur* der Aufsatz „Nachgeahmte Substanzialität" von Jürgen Habermas, in dem dieser eine furiose Abrechnung mit seinem intellektuellen Kontrahenten Arnold Gehlen formulierte. In mehreren Büchern hatte Gehlen eine anthropologisch begründete Institutionentheorie ausgearbeitet und darin auf die positiven Merkmale von Institutionen hingewiesen (GEHLEN 1956, 1957). Der immer stärkere Abbau institutioneller Elemente war für Gehlen eine pathologische Erscheinung moderner Gesellschaften, die eine allgegenwärtige Übersteigerung von Ichbezogenheit, eine „Exaltation der Subjektivität" (GEHLEN 1961, 75) zur Folge habe.

Dass Habermas in Gehlen den „konsequenteste[n] Denker eines gegenaufklärerischen Institutionalismus" sah (HABERMAS 1970, 313), dürfte nicht weiter verwundern. Wer eine derartige Privilegierung der Institution zu Ungunsten von Subjektivität betreibe, der könne den Menschen lediglich als Anhängsel undurchsichtiger Institutionen begreifen. Dem setzte Habermas seine in diesem Aufsatz bereits früh ausformulierte Ethik des Diskurses entgegen. In dieser grenzt er sich aber keineswegs nur von Gehlen ab, sondern geht auch mit der Kantischen Transzendentalphilosophie hart ins Gericht. Denn diese habe sich einzig am „kommunikationslosen

Privatismus bürgerlicher Subjektivität" orientiert (HABERMAS 1970, 320). Die Gehlen'sche Diffamierung von Reflexion und Subjektivität ist für Habermas schließlich nicht weniger kurz gedacht als die Verabsolutierung des intelligiblen Ichs durch Kant. Einzig im gemeinsamen, intersubjektiven Prozess kommunikativer Willensbildung liege die Möglichkeit, diese beiden Aporien zu umgehen. An die Stelle einer bloß privatistischen Ethik des autonomen Subjekts, aber vor allem an die Stelle einer repressiven Ethik der Institution tritt bei Habermas eine der Kraft der Intersubjektivität vertrauende Ethik kommunikativer Praxis.

Nun haben sich die Herausforderungen öffentlichen Sprechens seit dem Jahr 1970 deutlich verändert. Auf den ersten Blick könnte man meinen, an den Beispielen von Kim de l'Horizon und Carolin Emcke lasse sich die Entstehung nicht eines kommunikationslosen, sondern eines sehr wohl *kommunikativen Privatismus* beobachten, der die eigene Reflexivität und Subjektivität zum Thema macht und offensiv ausstellt. Sieht man genauer hin, lässt sich jedoch eine Redeweise erkennen, die das Verhältnis von Öffentlichkeit und Privatheit, von Singularität und Universalität, von Individualität und Kollektivität anders bestimmt, als wir das gewohnt sind: Gerade im Subjektiven zeigt sich hierbei Universalität, gerade im Persönlichen, ja Unteilbar-Persönlichsten wird hier Politik offenbar. Diese Form von Politik verlangt nicht so sehr nach einer Anbindung an das Kollektive, wie wir diese klassisch von Mitgliedschaften und Parteibindungen kennen; sie verlangt vor allem nach einer neuen Form des politischen Sprechens. Immer häufiger sprechen in der Öffentlichkeit nun persönliche und private Einblicke gewährende politische Subjekte zu uns. Sie sprechen jedoch nicht länger *für* die Menschen, *für* die Berliner oder *für* die Nicht-Binären, sondern sprechen *zu* uns als *ein* Mensch, als *eine* privilegierte

Publizistin, als *eine* nicht-binäre Person. Sie legen sich offen, universalisieren dabei ihre Subjektivität und machen diese zu einem Gegenstand, der eine Allgemeinheit angeht. Dabei kommt es unübersehbar zu einer Neujustierung von Allgemeinem und Besonderem: *Das Wahre ist das ganz Eigene.*

Es wäre billig, daran automatisch ein Überstrapazieren des Privaten zu kritisieren. Die viel bemühte Diagnose von der „Tyrannei der Intimität" (SENNETT 1986) ist schnell zur Hand, sie verkennt aber womöglich doch das genuin politische Potential dieser spezifischen Redeweise. Es sind schließlich die je besonderen Erzählungen der anderen, in denen wir ein Universales wiedererkennen sollen. Genau hier liegt das politische Moment begründet, und doch zeigt sich hieran aber bereits auch schon deutlich das Risiko der Unverbindlichkeit und Folgenlosigkeit dieser Redeweise einer universalen Subjektivität.

Erweckter Liberalismus

Wer darauf achtet, wie Menschen derzeit vor anderen ihr eigenes Leben zum Thema machen, dürfte schon häufig mit einer bestimmten Form der Erzählung in Berührung gekommen sein. Zunächst in Blogs oder Sachbüchern, mittlerweile vermehrt auf *Instagram* oder in Podcasts, immer wieder begegnen uns Berichte einer existenziellen Umkehr. Ganz gleich, ob es ein Wandel des politischen Lagers, ein Abbruch einer klassisch-bürgerlichen Karriere oder ein Verzicht auf tierische Produkte, Alkohol oder Plastik ist, nicht selten wird ein dramatischer und fundamentaler Wandel der eigenen Person zum Thema und zum Ausgangspunkt der Erzählung gemacht.

Diese Erzählform ist nun alles andere als ein neues Phänomen. In der Kulturgeschichte war es zumeist eine religiöse Erweckung oder der Übertritt zu einer anderen Konfession, der den Anlass darstellte, derart über das eigene Leben zu sprechen. Die *Bekenntnisse* des Augustinus und die *Bekenntnisse* Jean-Jacques Rousseaus sind in diesem Zusammenhang die wohl berühmtesten schriftlichen Dokumente. Nicht nur handelt es sich in beiden Fällen um klassische Konversionserzählungen, sondern vor allem auch um die beiden wirkmächtigsten Beispiele dafür, was wir uns überhaupt unter einem erzählten Leben vorstellen. Bis heute stellen sie eine Art Blaupause für autobiographisches Sprechen dar und wirken, was die narrative Struktur, die Dramaturgie und das Pathos angeht, in gegenwärtigen Erzählungen des eigenen Selbst nach.

In den letzten Jahren scheinen vor allem männliche Journalisten Gefallen an dieser spezifischen Form der Selbsterzählung gefunden zu haben. Zunächst ging es dabei vor allem um Berichte einer politischen Umkehr. Jan Fleischhauers *Unter Linken. Von einem, der aus Versehen konservativ wurde* (2009), Rainer Hanks *Links, wo das Herz schlägt. Inventur einer politischen Idee* (2015), Ulrich Greiners *Heimatlos. Bekenntnisse eines Konservativen* (2017) oder Matthias Matusseks *Zeit Online*-Artikel „Wie ich von links nach rechts gelangte" (2017), dessen hohe Klickzahlen der Autor nicht müde wird zu betonen, liefern hierfür reichlich Anschauungsmaterial. In all diesen Texten wird der Prozess einer schleichenden Entfremdung vom eigenen Ich beschrieben, der letztlich zu einer politischen Konversion führte (MÜLLER 2023a). Daneben findet man auch Erzählungen einer radikalen Umstellung des eigenen Lebenswandels, wie etwa im Falle Bernd Ulrichs, der mehrfach über seinen Entschluss schrieb, sich fortan vegan zu ernähren (ULRICH 2018, 2022), oder bei Ijoma Mangold, dessen jüngstes Buch *Die orange Pille. Warum Bitcoin weit mehr als nur ein neues Geld ist* (2023) auch deshalb eine genaue Lektüre lohnt, weil sich hier eine bemerkenswerte Verschränkung von Erweckung und skeptischer Reflexion zeigt.

Auf den ersten Blick ist dieses Buch ein Text über Bitcoin und über die Faszination des Autors für diese Kryptowährung. Aber schon der Untertitel macht deutlich, dass es um „weit mehr" geht. Nicht nur ist Bitcoin für Mangold eben weit mehr als ein neues Geld, auch die Faszination für Bitcoin ist weit mehr als eine biographische Spinnerei, wenngleich er nicht leugnen will, dass seine schon fast in eine Obsession umschlagende Begeisterung für diese digitale Währung durchaus erklärungsbedürftig ist. Die Erfahrung mit Bitcoin habe ihn zu einem anderen Menschen gemacht, und so erklärt Mangold zu Beginn des Buches nicht nur sein Vorhaben, sondern vor allem auch sich selbst: „Dieses Buch will Sie geschätzte Leserin, geschätzter Leser, *orangepillen*, indem es davon erzählt, wie ich selbst *georangepilled* wurde. Ich stelle mir vor, dass Sie zu diesem Buch gegriffen haben, weil Sie mich als Literaturkritiker kennen." (Mangold 2023, 13)

In Anlehnung an jene rote Pille aus dem Film *Matrix* ist die orange Pille das herangezogene Symbol für eine dramatisch lebensverändernde Entscheidung, die zu einem neuen Blick auf die Wirklichkeit führt. Mangold will uns eine solche Pille anbieten, er will also selbst zu einem derartigen Orange-Piller werden. Dazu reicht es allerdings nicht, lediglich sachlich und nüchtern die technischen und ökonomischen Vorteile von Bitcoin aufzulisten. Zwar lernen wir im Verlauf des Buches viel über die technische Struktur von Bitcoin, über die implizite Moral und das freiheitliche Versprechen, die mit dieser Währung verbunden sind, aber Mangold weiß auch, dass all diese ebenso schlüssig wie nachvollziehbar vorgetragenen Argumente allein nicht verfangen. Er versteht sich schließlich nicht als Anlageberater oder als Werbegesicht für irgendein belangloses Produkt, sondern will in seiner imaginierten Leserschaft eine Wandlung bewirken, die er selbst bereits durchgemacht hat.

Dass er einmal ein derartiges Buch schreiben würde, hätte er vor wenigen Jahren noch für völlig ausgeschlossen gehalten. Manchmal ertappe er sich sogar dabei, darüber zu schmunzeln, „dass es ausgerechnet mich, einen eitlen Literaturkritiker und Ästhetizisten, der sich noch nie im Leben für irgendetwas Technologisches interessiert hat, mit Bitcoin dermaßen erwischt hat. Davon soll dieses Buch handeln – von einer unwahrscheinlichen Ansteckung, mit der absolut nicht zu rechnen war." (Mangold 2023, 16) Es hat Mangold also *erwischt* – wie ein Virus, wie ein Ereignis bricht es über den Autor herein, der sich der Affizierung und Verführungskraft der neuen Währung kaum erwehren kann.

Damit es die Leserinnen auch erwischt, sind also nicht nur gute Argumente vonnöten, sondern vor allem ein hohes Maß an Offenheit und Authentizität. Mangold muss von sich selbst, seinem eigenen Weg und seiner Wandlung berichten, und er ist dabei eitler Literaturkritiker und Ästhetizist genug, zu wissen, in welchem Register man spielt, wenn man ein solches Unternehmen beginnt. „Ich will vor meinesgleichen einen Menschen zeigen, und dieser Mensch werde ich sein. Einzig und allein ich" – so beginnen die 1782 publizierten *Bekenntnisse* Rousseaus, und recht viel anders können auch die Bekenntnisse Mangolds nicht beginnen: „Ich will Ihnen, liebe Leserinnen und Leser, die Grundzüge des digitalen Geldes erklären, aber dies auf eine Weise tun, die von meinem eigenen Weg zu Bitcoin erzählt." (MANGOLD 2023, 17)

Für Mangold ist die Textsorte des Selbstberichts kein neues Terrain. Schon in *Das deutsche Krokodil. Meine Geschichte* (2017) verarbeitete er seine Biographie als Sohn eines nigerianischen Vaters und einer deutschen Mutter in Heidelberg. Für *Der innere Stammtisch. Ein politisches Buch* (2020) gab er dann im Stile von Tagebucheinträgen als Ziel aus: „Ich möchte mich in diesem Buch selbst beobachten, um den Zusammenhang zwischen Reflexion, Emotionen, Affekten, weltanschaulichen Überzeugungen und politischen Urteilen genauer zu begreifen. Wie ticke ich als politischer Bürger?" (MANGOLD 2020, 9) Mangold spielt also virtuos die je erfolgreichen und ästhetisch angesagten Genres der Zeit als Formate seines eigenen Schreibens durch: zunächst eine Autosoziobiographie eines vermeintlich unwahrscheinlichen Bildungsbürgers, dann eine politische Introspektion in Zeiten von Brexit und Donald Trump und nun eine feuilletonökonomische Erkundung von *Bitcoin*.

Da es in *Die orange Pille* aber nicht allein um die Grundzüge des digitalen Geldes geht, sondern vor allem auch um den eigenen Weg, kann Mangolds Text auf zwei Arten gelesen und beurteilt werden: So tritt neben das Kriterium der Wahrheit des Erzählten auch das Kriterium der Wahrhaftigkeit der Erzählung. Das ist eben seit Rousseaus *Bekenntnissen* die Herausforderung jeder Form des öffentlichen Sprechens, die das eigene Selbst und das eigene Leben als Quelle oder als Gegenstand in Anspruch nimmt (Starobinski 2003, 268–297). Mangold muss entsprechend immer wieder gewisse Authentizitätsmarker setzen. Hatte er uns in *Der innere Stammtisch* seine eigenen Ressentiments, seine Idiosynkrasien und politischen Befindlichkeiten mitgeteilt und entsprechend erklären können, ein Stammtisch sei nicht nur eine Frage der Instinkte, sondern „auch ein Ort größerer Ehrlichkeit sich selbst gegenüber" (Mangold 2020, 99), so stellt er sich uns in *Die orange Pille* wiederholt als begeisterter Proust-Leser vor, auch um damit die Unwahrscheinlichkeit seines Weges und die zurückgelegte Distanz zu beglaubigen. Im Sinne eines solchen Programms der Selbstoffenbarung berichtet er von frühen, mit Scham behafteten Erlebnissen in der Stadtsparkasse der Kindheit ebenso wie von der Eröffnung des ersten eigenen Kontos bei der Deutschen Bank und sogar von einer frühen Konversionserfahrung – „Vor Kurzem war ich noch Marxist gewesen, jetzt bewunderte ich den Vorstandssprecher der Deutschen Bank" (Mangold 2023, 179) –, die mit der Lektüre eines Artikels über Alfred Herrhausen zusammenhing. Wir erfahren auch, dass Mangold seit zwei Jahren in einem kleinen Bauernhaus in der Uckermark, die im Laufe des Textes „Ucki" genannt wird, lebt – jedoch nicht, wie man vermuten könnte, zurückgezogen und weltabgewandt, sondern dank seiner Faszination für Bitcoin nun so weltzugewandt und realitätsnah wie nie zuvor.

All diese eingestreuten Informationen sind notwendig, weil diese Erzählung in hohem Maße auf Glaubhaftigkeit angewiesen ist. Mangolds Ziel ist es doch, uns zu *orangepillen*. Und so muss sein Selbstbericht auf das Vertrauen der Leserschaft hoffen. Es geht schließlich nicht um einen marginalen Ausschnitt des eigenen Lebens, um den Kauf eines neuen Mantels oder den Umzug in eine andere Wohnung, es geht in Konversionserzählungen immer um den Bericht eines fundamentalen Wandels der ganzen Person (vgl. Snow/Machalek 1984).

„Aber, glauben Sie mir, das geht: Man kann von Bitcoin so entflammt sein wie von der Proust-Lektüre. Ich erzähle und erkläre also Bitcoin, ich berichte von meinen Erfahrungen, davon, wie Bitcoin mich verwandelt hat, und immer wieder von meinem Erstaunen und meinen Selbstzweifeln, wie es ausgerechnet mir passieren konnte, im gesetzten Alter von fünfzig Jahren plötzlich so zu reden wie ein ‚neu erweckter Prophet', wie es bei Shakespeare heißt, als wäre ich ein Jugendlicher, der zum ersten Mal Karl Marx' ‚Kommunistisches Manifest' in die Hände bekommt und nach der Lektüre überzeugt ist, dass die Welt nie wieder so sein wird wie zuvor." (Mangold 2023, 14)

Mangold ist freilich so klug, das eigene Erzählen ständig zu reflektieren und einen durchaus selbstkritischen Kommentar im Text mitlaufen zu lassen. Absichtlich spielt er mit dem in Anspruch genommenen religiösen Vokabular und betont sein Misstrauen gegenüber „jedem eschatologischen Überschuss, jeder Erlösungsideologie" (Mangold 2023, 18). Und doch kommt er nicht umhin, trotz aller rhetorischen und intellektuellen Distanzierung, seinen zurückgelegten Weg als Bekehrung und Wandlung zu beschreiben. Dies ist umso bemerkenswerter, als Mangold bereits in *Der innere Stammtisch* geschrieben hatte: „Die meisten meiner politischen Einstellungen haben nicht so sehr mit Argumenten als mit Intuitionen zu tun, die so innig zu meinem Wesen gehören, dass ihre Modifikation weniger einem Lernprozess als einer Charaktertherapie gleichkäme." (MANGOLD 2020, 191) Diese Introspektion nahm die Möglichkeit einer schockhaften, gerade nicht auf guten Argumenten beruhenden Konversion bereits vorweg. Und doch ist es höchst interessant, dass es ausgerechnet die digitale Währung Bitcoin war, durch die er ein anderer und auch die Welt für ihn eine andere geworden ist:

„Ich weiß, es klingt wie im Genre religiöser Erbauungsliteratur: Der Bekehrte berichtet von seinem Damaskus-Erlebnis, er legt Zeugnis davon ab, was ihm widerfahren und warum er ein anderer, warum er vom Saulus zum Paulus geworden ist. Und tatsächlich würde ich sagen, ich bin zum Teil ein anderer geworden. Von einigen Grundüberzeugungen, die mich die ersten fünfzig Jahre meines Lebens durch die Welt begleitet haben, musste ich mich lösen, zum Beispiel von meinem bis dahin großen Institutionenvertrauen. Solche Abschiede sind durchaus nicht leicht, manchmal fühlen sie sich regelrecht unheimlich an" (MANGOLD 2023, 17).

Es soll an dieser Stelle gar nicht um Ijoma Mangold als Person gehen, nicht um sein geschwundenes Vertrauen in Institutionen wie Zentralbanken oder Nationalstaaten, noch nicht einmal um seine Faszination für digitale Währungen und auch nicht um Bitcoin selbst, sondern um die *Form dieser Erzählung* (WHITE 1990), die in ihrer Struktur und ihrem Pathos für die Gegenwart durchaus symptomatisch zu sein scheint. Um die Merkmale dieser Redeweise besser herausarbeiten zu können, lohnt es sich, kontrastierend einen zweiten Fall heranzuziehen.

Schon vor einigen Jahren hatte nämlich Rainer Hank, wie Mangold auch ein seriöser Journalist, ein Buch geschrieben, das durchaus eine vergleichbare narrative Struktur aufweist. Auch Hank beschreibt darin einen fundamentalen Bruch im eigenen Leben. In seinem Fall war es nicht die Entdeckung einer neuen Technologie, sondern die Konfrontation mit einer völlig anderen Vorstellung von Politik, die zur Abkehr von gewissen Selbstverständlichkeiten und Grundüberzeugungen geführt hat. In seinem 2015 veröffentlichten Buch *Links, wo das Herz schlägt. Inventur einer politischen Idee* rekonstruiert Hank jenen persönlichen Weg, den er zurückgelegt hat, auf eine Weise, die der Mangold'schen nicht unähnlich ist. So beschreibt Hank ebenfalls sehr persönlich sein Erwachsenwerden in der bundesrepublikanischen Nachkriegszeit. Er berichtet aus den Klassenzimmern und Seminarräumen, in denen er fast schon automatisch als Linker sozialisiert wurde, ohne zu wissen, warum eigentlich genau, und ohne dass dieses Linkssein je infrage gestellt worden wäre. Wie die meisten seiner Freunde und Kommilitonen bewegte sich Hank in einem Korsett aus Konventionen, Sprachregeln und Denkverboten, die ihm jedoch erst ab einem gewissen Punkt in seinem Leben als solche aufgefallen seien. Irgendwann sei dieses unhinterfragte Linkssein für ihn selbst aber zunehmend fragwürdig und das eigene Ich zunehmend fremd geworden:

„Ich will das alles auch heute noch ernst nehmen. Beunruhigend aber ist, welchem absurden Glauben wir teilweise anhingen, in dessen Glaubenssätzen wir einander bestätigten, ohne etwas zu verstehen, weil es an diesen Phrasen nichts zu verstehen gab. Beunruhigend ist auch, wie es kommen konnte, dass wir, die wir doch groß geworden waren mit dem unbedingten Anspruch, alles und jedes zu hinterfragen, die linke Selbstverständlichkeit selbst nicht hinterfragen wollten oder konnten. Das Nichthinterfragen des Linksseins war offenbar allen aus meiner Generation damals gemein." (HANK 2015, 12 f.)

Mit Erschrecken blickt Hank auf sein vergangenes Ich zurück, von dem er sich jedoch längst losgelöst hat und das er nun zum Objekt einer nüchternen und ehrlichen Betrachtung machen kann. Die Struktur seines Berichts ist die einer – was Hank im Übrigen selbst zum Thema macht – klassischen Konversionserzählung. In der religionswissenschaftlichen und religionssoziologischen Forschung wird an dieser Stelle zumeist auf die Dreigliedrigkeit von Konversionserzählungen hingewiesen: Ein bestimmtes Ereignis, das zu einer existenziellen Umkehr geführt hat, trennt ein *falsches Leben* vor der Konversion von einem *richtigen Leben* nach der Konversion (vgl. ULMER 1988). Diese dreigliedrige Struktur lässt sich auch bei Hank finden: Er kann gar nicht anders, als sein eigenes vergangenes Ich als verblendet und unreif zu beschreiben, und so lässt die Konfrontation mit der eigenen Vergangenheit das bisherige Leben als Irrweg erscheinen. Den Zeitpunkt seiner Wandlung kann Hank im Übrigen sehr genau datieren. Es war ein Vortrag von Herbert Giersch, dem damaligen Chef des Kieler Weltwirtschaftsinstituts, der für Hank rückblickend einer Erweckung gleichkam und der ihn zu jenem überzeugten Wirtschaftsliberalen gemacht hat, der er heute ist.

„Ich würde es mir zu leicht machen, den Weg zum Liberalen als Entwicklungsroman der reinen Vernunft zu erzählen. Aber all jene, die die Erweckung dem Gang des reinen Opportunismus zuschreiben, liegen ebenfalls falsch. Um es nicht zu lang zu machen: Mein liberales Erweckungserlebnis ereignete sich nicht in der Redaktion der FAZ, sondern, Anfang der neunziger Jahre, bei einer eher unspektakulären Konferenz über die ‚Zukunft der Arbeit'." (HANK 2015, 75)

Hank, der unter anderem Katholische Theologie studiert hat und der wie Mangold sehr bewusst und sensibel mit Begriffen und Anspielungen umgeht, spricht an dieser Stelle absichtlich von *Erweckung*. Der Weg vom dogmatischen Linken zum überzeugten Wirtschaftsliberalen war folglich keiner, der sich auf eine rationale Entscheidung, auf Planung oder Kalkül zurückführen ließe. Ähnlich wie bei Mangold, der von Bitcoin „erwischt" wurde und von einer „unwahrscheinlichen Ansteckung" spricht, ist bei Hank manchmal von einem „Schock" die Rede. In beiden Fällen handelt es sich also um einen unerwarteten Einbruch in das eigene Leben, eine Ansteckung, ein Schock, eine Widerfahrnis. Und es können durchaus unspektakuläre Ereignisse wie ein wirtschaftswissenschaftlicher Vortrag oder Finanzvideos auf Youtube sein, die derartige Schocks auslösen und so für unerwartete, lebensverändernde „Momente der Klarheit" sorgen (MANGOLD 2023, 36).

Im Anschluss an William James kann man an dieser Stelle auf den Begriff der *ineffability* zurückgreifen, um die existenzielle Wucht derartiger Erfahrungen zu beschreiben, die sich bis zu einem gewissen Grad ihrer Reflexivierung und Versprachlichung entziehen (JAMES 1958, 292 f.). Denn so gerne und so virtuos Hank ebenso wie Mangold über sich selbst schreiben, so sehr müssen sie doch immer wieder betonen, wie *unwahrscheinlich*, wie *erstaunlich* und wie *unheimlich* dieser zurückgelegte Weg war. Doch dieser Weg hat sich sehr wohl gelohnt. Der dadurch gewonnene schonungslose Blick auf sich selbst und auf das falsche Leben eines nun vergangenen Ichs habe schließlich zu einem „Zugewinn an Weitsicht" (HANK 2015, 101) geführt und könne gar nicht anders als ein „Akt der Befreiung, als später Austritt aus der selbst gewählten Unmündigkeit" (HANK 2015, 124 f.) gedeutet werden.

Dass mit diesem Zugewinn an Klarheit und Weitsicht gleichzeitig auch ein Moment der Verhärtung verbunden sein kann, diskutierte Mangold in *Der innere Stammtisch* bereits vor seiner Bitcoin-Offenbarung:

„Der Konvertit verfügt über einige bewunderungswürdige Tugenden: Er hat sich von einem Welterklärungssystem, von der er einst überzeugt war, lösen können. Er kann auf sich selbst als auf einen

Verblendeten schauen. Er kann sich selbst als Irrenden sehen, er kann Fehler einräumen. Erstaunlicherweise führt aber dieser Akt, sich früher als Irrenden gesehen zu haben, selten dazu, dass man in Streitfragen der Gegenwart nachsichtiger und geschmeidiger wäre. Eher im Gegenteil. Aus seinem Irrtum erwacht, sieht der Konvertit nun alle anderen jener Verblendung ausgesetzt, die er um ein Haar nicht überlebt hätte. Er hat einen neuen Glaubensinhalt, aber noch die alte Unbeirrbarkeit." (Mangold 2020, 217)

In den meisten gegenwärtigen Konversionserzählungen lässt sich daher sowohl ein modernes als auch ein anti-modernes Motiv ausmachen. Die Konversion macht mit dem Versprechen der Moderne ernst, wonach man seinen Platz in der Welt verändern und entsprechend auch seine Meinungen wechseln darf und soll; zugleich geht mit der Konversion aber auch eine Form von Unbeirrbarkeit einher, die nicht selten zu einer Verhärtung gegenüber anderen Positionen und Meinungen führt. Hank selbst will eine derartige Entwicklung gar nicht leugnen: „So bin ich ein Liberaler geworden. Einer, der sich immer mehr radikalisierte." (Hank 2015, 75) Diese rhetorische Kopplung von Befreiung und Radikalisierung, von Liberalität und Verhärtung ist überaus interessant: Nicht nur ist sie Kennzeichen vieler Konversionserzählungen, darüber hinaus ist sie unübersehbar auch ein Signum der politischen Gegenwart.

Was die beiden hier vorgestellten Erzählungen verbindet, ist die Tatsache, dass sich hier zwei Autoren gerade nicht als antidemokratische Outlaws oder Renegaten inszenieren, sondern als dezidiert *Liberale*, die – und das ist der entscheidende Zusatz – die eigene Position gerade durch eine nur schwer erklärbare und an sich unwahrscheinliche Erweckung und persönliche Wandlung beglaubigen können. Es gibt demzufolge eine erweckende, transformative Kraft jenseits von Argumenten. Auf den ersten Blick scheint diese

Kopplung paradox zu sein. Sind wir es nicht gewohnt, Liberale durch ihre Fähigkeit zur Ironie, ihre Einsicht in die Unausweichlichkeit von Kontingenz und die Absage an Dogmatismus und metaphysische Wahrheit zu charakterisieren (Rorty 1991)? Zehrt das liberale Denken nicht von der Idee, Individuen seien in der Lage, eigene Interessen zu verfolgen, ohne dabei einen Anspruch auf Absolutheit zu erheben, weil sie immer auch durch die Bereitschaft zu Selbstmisstrauen gekennzeichnet sind?

An den beiden Büchern von Ijoma Mangold und Rainer Hank stechen aber vor allem die Entschlossenheit und Unbedingtheit ins Auge, mit der die eigenen Erzählungen daherkommen. Die existenzielle und lebensverändernde Erfahrung mit Bitcoin im ersten Fall sowie mit einem praktizierten Wirtschaftsliberalismus im zweiten Fall scheint geradezu gegen Zweifel und Gegenargumente zu immunisieren. Entsprechend harte, apodiktische Urteile lassen sich bisweilen finden. Bei Hank etwa heißt es in einem ansonsten eher besonnenen Text: „Meine Feinde sind die Linken, zumindest meistens. Dabei war ich selbst mal einer." (Hank 2015, 222) Und Mangold will bei den ersten Berührungen mit Bitcoin gar „metaphysische Gänsehautmomente" gehabt haben (Mangold 2023, 36). Bitcoin scheint sich als Untersuchungsgegenstand im Übrigen sehr gut dazu zu eignen, Metaphysik und Liberalität zu verschränken und gängige ideologische Zuordnungen durcheinanderzubringen. Da ist der unbekannte und unsichtbare Schöpfer Satoshi Nakamoto, der der Welt eine Währung geschenkt hat, die auf Dezentralität setzt und also ohne staatliche Steuerungsinstanz auskommt, die sich vielen gängigen politischen Dichotomien entzieht und rechte wie linke Libertäre anzieht.

Für Mangold, der über die naive und ungebrochene Statolatrie seiner Berliner Bekannten nur den Kopf schütteln kann, die zumeist ohne etwas von Wirtschaft zu verstehen auf eine vernünftige Geldpolitik der EZB hoffen, liegen die Vorteile von Bitcoin jedenfalls klar auf der Hand: Im Vergleich zum infantilen Zentralbankgeld sei es nicht nur das viel erwachsener Tauschmedium, es sei auf der Ebene des Codes schlichtweg viel eleganter. Vor die Wahl zwischen beiden gestellt, müsste Mangold heute nicht lange entscheiden – zu groß sei längst seine „Bitcoin-Überzeugung" (MANGOLD 2023, 36).

Hatte Mangold in *Der innere Stammtisch* noch „mehr Nicht-Wissen, mehr Ambivalenz, mehr Zweideutigkeit" als Losung ausgegeben (MANGOLD 2020, 190), kann er mittlerweile doch recht selbstverständlich im Modus unambivalenter Überzeugung sprechen. Das liegt eben vor allem an der Art seiner Selbsterzählung. Denn in einer Welt der Kontingenz und Pluralität gestattet die Konversionserzählung eine Form des Wahrsprechens, die wir längst für unmöglich gehalten haben. Wir treffen hier oftmals auf eine säkulare Variante einer Offenbarungserzählung, bei der wahre Erkenntnis auf einem Erweckungsmoment beruht. Das dürfte dieses Format auch so interessant gerade für manch männlichen Journalisten machen. Mangold und Hank können unter Verweis auf die eigene Wandlung mit einer Überzeugung und Dringlichkeit für die eigene Sache sprechen, wie das ausschließlich mithilfe von guten Argumenten heute im öffentlichen Raum nur schwer denkbar wäre. Die Erzählung der eigenen Wandlung liefert ihnen eine Möglichkeit des apodiktischen Sprechens. Das ist die Leistung dieser Form der Redeweise, in der immer auch ein antidiskursives Moment begründet liegt, wird hier doch der eigene zurückgelegte Weg selbst zu einem Argument, das sich der Kritik von außen ein Stück weit zu entziehen vermag (ANDERSON 2007; WAISANEN 2018). Am Ende bleibt es immer die eigene höchstpersönliche Geschichte, die zwar mitteilbar, aber letztlich doch nie teilbar ist.

Es ist bemerkenswert, dass es gerade zwei Liberale sind, die diese Erzählstrategie einsetzen und ihre eigene Geschichte ganz bewusst als eine Geschichte von Erweckung und Abkehr erzählen. Bei beiden geht es gerade nicht um das postmoderne Spiel mit Ironie und Ambiguität, vielmehr scheinen diese Erzählungen eher auf eine *post-postmoderne Situation* zu verweisen: Hier geht es um das Bekenntnis zu einer Idee, die tiefe Verbundenheit mit einem Projekt, um die eindeutige Unterscheidung von richtig und falsch, um die Zurschaustellung einer inneren Überzeugtheit und um die Emphase von Selbstbindung – wenn man so will, um eine neuerliche *Ankunft des Prinzipiellen.*

Idealistischer Konkretismus

Im Jahr 2022 veröffentlichte die Klimaaktivistin und Vordenkerin von *Fridays for Future* in Deutschland, Luisa Neubauer, gemeinsam mit ihrer Großmutter Dagmar Reemtsma das Buch *Gegen die Ohnmacht: Meine Großmutter, die Politik und ich*. Darin diskutieren die beiden Möglichkeiten politischen Engagements und geben Einblick in ihr Familienleben, das von bildungsbürgerlicher Kultur und politischer Debatte geprägt zu sein scheint. Mit diesem Buch gingen beide 2023 auch gemeinsam auf eine Lesereise, bei deren Auftaktveranstaltung in Wiesbaden der Journalist Nils Minkmar zugegen war. Minkmar protokollierte seine Beobachtungen anschließend in der *Süddeutschen Zeitung*, vor allem zur Person Neubauers. Besonders ihre stupende Redegewandtheit, aber auch ihre geradezu pragmatische Unaufgeregtheit in der Erörterung notwendiger politischer Maßnahmen zur Eindämmung der Klimakrise stachen ihm ins Auge:

„Man hätte Mühe, im Deutschen Bundestag, an Hochschulen oder in den Vorständen der großen Unternehmen so eine Eloquenz aufzuspüren. Es gelingt ihr, die Dringlichkeit des Ausstiegs aus der fossilen Energie wie beiläufig deutlich zu machen, mit etwas selbstbezüglichem Humor und vor allem ohne jene Elemente, die die einstige Umweltbewegung immer begleiteten, nämlich den Kitsch. Auf der Bühne thront kein blauer Globus, den wir zu retten hätten, mahnen keine Poster mit moralischen Appellen." (Minkmar 2023).

Diese Entkitschung und Versachlichung sollen politischen Zielen dienen, die durchaus konkret sind und sich an ihrer

Machbarkeit messen lassen wollen. Schon in einem Interview im April 2019 erklärte Luisa Neubauer die Motivation eines wöchentlichen Schulstreiks: „Wir gehen auf die Straße, um durchzusetzen, was die Regierung selbst unterschrieben hat, nämlich die Umsetzung des Weltklimavertrags von Paris. Wir sind da in keiner Weise radikal."[15] Und so notierte auch Minkmar seinen Eindruck jenes Abends in Wiesbaden: „Nicht an Krebs sterben, nicht in der Klimakrise umkommen und stattdessen die Natur und unsere Zivilisation so gut es geht bewahren und entwickeln und genießen, das ist in etwa das vorgestellte Programm. Hier werden keine wilden Utopien entworfen, niemand beklagt das Ende der Welt, vielmehr herrscht eine durchgehende Midtempo-Mischung aus Entschlossenheit und Gelassenheit." (MINKMAR 2023)

Dieser bewusste Verzicht auf das Utopische zugunsten eines Blicks aufs Konkrete und Realistische ist für eine junge Aktivistin und ihre Entourage durchaus bemerkenswert. Nicht nur auf jener von Nils Minkmar beschriebenen Bühne, sondern auch auf Podien, in Vorträgen und in Talkshows trägt Neubauer ihre Diagnosen, Argumente und Forderungen souverän vor, verweist dabei immer wieder auf wissenschaftliche Studien, macht auf die Widersprüche ihrer Gesprächspartner aufmerksam und bleibt dabei stets ruhig und selbstbeherrscht. Es zeigt sich fast durchgängig ein Bild: Ganz im Gegensatz zu den gängigen Vorhaltungen einer Moralisierung von Politik[16] und eines durch die Klimabewegung prononcierten Alarmismus ist Neubauers Tonfall von Sachlichkeit und Besonnenheit gekennzeich-

---

[15] So Neubauer in einem Interview mit Joachim Wille; online unter: https://www.klimareporter.de/protest/bahntickets-sollen-maximal-20-euro-kosten.

[16] Eine kritische und lesenswerte Diskussion hierzu findet sich in WEBER 2021.

net. Sie propagiert keine utopischen Vorstellungen, keine revolutionären Fantasien, sondern formuliert Ideale, die sich durch die Darstellung ihrer Umsetzbarkeit beweisen müssen. Da ist dann eben eine der wiederholten, konkret greifbaren Forderungen, „Bahnfahren billiger zu machen – Bahntickets sollten maximal 20 Euro kosten – und zeitgleich das Schienennetz auszubauen. In den Innenstädten könnte man eine Pkw-Maut nach Londoner Muster einführen und mit dem Geld daraus öffentlichen Nahverkehr und Fahrradwege ausbauen."[17]

Zugleich kommunizieren Neubauer und ihre Mitstreiterinnen immer wieder ihre Frustration angesichts der gegenwärtigen Regierungspolitik – ihre Kritik ist dabei weniger von rebellischer Wut oder Staatskritik als von einer überaus bürgerlich grundierten Empörung und einer erstaunlichen Staatsaffirmation gekennzeichnet. Es geht den Aktivisten um Neubauer um keinen Regimesturz und um keine Fundamentalopposition, sondern um die Einforderung zugesagter und in ihren Augen nötiger Maßnahmen, etwa um die Einhaltung des von der Bundesregierung ratifizierten Klimaabkommens von Paris 2015. Diese Aktivisten appellieren an Autoritäten, statt sie abschaffen zu wollen. Dementsprechend kommentiert auch Carolin Emcke das politische Profil von *Fridays for Future*: „Dies ist keine anarchistische Rebellion, keine staatszersetzende Unruhe, die bestehende Normen aushebeln will, sondern eine soziale Bewegung, die Übereinkünfte umgesetzt sehen will." (EMCKE 2019) Das darf uns nun aber nicht dazu verführen, den Protest junger Aktivisten, vor allem der Klimaschützer um Neubauer, als eine Spielart juvenilen Konservatismus zu deuten. Damit machte man es sich zu leicht.

---

[17] So Luisa Neubauer in dem bereits oben zitierten Interview mit Joachim Wille.

In unseren Augen deutet sich hier vielmehr eine politische Redeweise an, die wir als *idealistischen Konkretismus* fassen wollen.

Zählt man jene Klimaaktivisten um Luisa Neubauer (*1996) oder Carla Reemtsma (*1998) großzügig zu einer Generation von Jugendlichen, dann kann einen jener diagnostizierte Konkretismus erstaunen. Denn üblicherweise sind wir ja an ein anderes Bild von Jugend gewöhnt. Spätestens Jean-Jacques Rousseau hatte den Ton für die Beschreibung der Jugend im Laufe eines Lebens gesetzt. Mit seinem 1762 erschienenen Erziehungsroman *Émile oder Über die Erziehung* lieferte Rousseau eine der berühmtesten und bis heute einflussreichsten Beschreibungen der Jugend. Darin erzählt er uns vom Jugendlichen als einem merkwürdigen Wesen, das gleichzeitig unberechenbar und doch hilfsbedürftig ist. Ein Feuer brenne in ihm und er verhalte sich „in seiner fieberhaften Leidenschaft" wie ein schwer zu zähmender Löwe.

Diese Erzählung bestimmt bis heute unser Bild von der Jugend, die uns als eine Phase der Launen und der unkontrollierbaren Leidenschaften, der Naivität und der Träumereien gilt (Müller 2015). Nun macht uns aber jene weniger utopisch-wilde als nüchtern-pragmatische Position von *Fridays for Future* auf ein anderes Bild von Jugend aufmerksam. In der Soziologie des 20. Jahrhunderts gibt es hierzu im Übrigen eine interessante und bislang kaum erwähnte Referenz. Im Jahr 1957 veröffentlichte Helmut Schelsky eine Studie unter dem Titel *Die skeptische Generation*, deren Ausgangsfrage er wie folgt beschrieb: „Die skeptische Generation' ist ein soziologischer Beitrag zur Jugendkunde und will den westdeutschen Jugendlichen des Nachkriegsjahrzehnts von 1945 bis etwa 1955 schildern." (SCHELSKY 1957, 5)

Es ist das Verdienst Schelskys, eines der frühesten soziologischen Generationenportraits ausgearbeitet zu haben; in seinem Fall eben der um das Jahr 1930 Geborenen, also jener Kohorte, die den Zweiten Weltkrieg in ihrer Kindheit zwar hautnah miterlebte, aber für einen Einsatz an der Front zu jung war. Zunächst bestimmte Schelsky ganz allgemein den Lebensabschnitt der Jugend als Phase des Überganges von der Rolle des Kindes zur Rolle des Erwachsenen und somit auch von einem vertrauten, familiären Nahbereich zu einer abstrakten, dynamischen sozialen Umwelt. Diese sei im Falle der modernen Gesellschaft in erster Linie durch Organisation, Sachlichkeit, Distanz, Krisenerfahrung und eine zunehmend professionalisierte Arbeitswelt geprägt.

Nun stach Schelsky an der von ihm in den Blick genommenen Generation der um das Jahr 1930 Geborenen etwas Besonderes ins Auge: Diese Jugendlichen der unmittelbaren Nachkriegsjahre unterschieden sich seiner Ansicht nach nämlich deutlich von ihren Vorgängergenerationen. Der Krieg und seine unmittelbar erlebten Folgen hatten ihre „Glaubensbereitschaft und ideologische Aktivität" zerstört (SCHELSKY 1957, 84). Sie waren keine romantischen Träumer, hingen keiner Ideologie an und kultivierten schon gar keinen Idealismus, sondern wirkten in erster Linie um „Konkretismus" bemüht und demonstrierten gar eine „Pseudo-Erwachsenheit" (SCHELSKY 1957, 89 und 93). Gerade im Vergleich zur kaum älteren, ideologisch verblendeten, hoch politisierten Generation junger Nationalsozialisten erkannte er an ihnen eine „Entpolitisierung und Endideologisierung des jugendlichen Bewußtseins" (SCHELSKY 1957, 84). In den Jahren nach 1945 mussten Jugendliche schließlich schmerzhaft feststellen, wie leicht Ideologien zusammenbrechen und damit verbundene Ideale sich in Luft auflösen können. Daher hätten sie jedweder Form von Schwärmerei und Pathos entsagt und stattdessen eine zutiefst skeptische und nüchterne Haltung ausgebildet. In erster Linie galt es, für das Private Sorge zu tragen und die Daseinsgrundlagen im Nahbereich zu sichern. Und gerade hierbei legten diese Jugendlichen eine enorme Entschlossenheit an den Tag:

„[I]n ihren ethischen Urteilen beweist diese Jugend eine ‚konkretistische' Rigorosität, von der ein großer Teil der Erwachsenen sich heute gern entlasten möchte. Hinter der kaltschnäuzig wirkenden skeptischen Weltklugheit steckt ein durchaus lebendiges Bedürfnis, das Substantielle und im normativen Sinne Verbindliche an den Dingen und den Menschen zu erkennen und ihm zu folgen, aber zugleich die tiefe Scheu, sich durch Phrasen, ja durch Worte überhaupt, täuschen zu lassen." (SCHELSKY 1957, 89 f.)

An die Stelle der Hingabe an Utopien sei in dieser Jugendgeneration der bescheidene Wunsch getreten, den unmittelbaren Alltag zu meistern. Mit Blick auf diese Vorbehalte gegenüber jeglicher ideologisch-politischen Emphase etikettierte Schelsky diese Jugendlichen folglich als die *skeptische Generation*.

Diese Beschreibungen Schelskys scheinen sich auf frappante Weise mit eben jenem Eindruck zu decken, den man gegenwärtig von zahlreichen Jugendlichen und jungen Erwachsenen in der Klimabewegung gewinnen könnte. Denn auch diese Jugendlichen stellen sich keineswegs als unberechenbar und schwer zähmbar dar, sondern wirken ebenfalls seltsam vernünftig, überaus kontrolliert und bisweilen skeptisch bis desillusioniert. Sie treten auch nicht naiv oder leichtsinnig auf, sondern ausgesprochen pragmatisch und sachlich. Sie sind es gewohnt, ihre Leidenschaften im Zaum zu halten, vorausschauend zu agieren und haben früh gelernt, sich in eine unbestimmte oder gar katastrophische Zukunft hineinzuversetzen; sei es als künftige Akteure auf einem unübersichtlichen Arbeitsmarkt, im Hinblick auf Fragen der Gesundheits- oder Altersvorsorge oder als Bewohner eines womöglich unbewohnbaren Planeten. Die Zeitform dieser

Jugendlichen ist daher weniger das Präsens, sondern eher das Futur II.

Es ist nicht ausgeschlossen, dass sich diese Jugendlichen womöglich sogar in den Beschreibungen Schelskys wiederfinden könnten. Schließlich betonte eine im Jahr 2020 erschienene *Sinus*-Jugendstudie eine neue Ernsthaftigkeit und ein hohes Problembewusstsein unter Jugendlichen. Vorrangiges Ziel der Jugendlichen sei es heute, „in der Mitte der Gesellschaft anzukommen".[18] Das Glücksversprechen bestehe demnach nicht so sehr in einer Opposition gegen die Gesellschaft oder in adoleszenter Weltflucht, sondern in einem Hereingelassen-Werden in die Gesellschaft.[19]

Nun lässt sich *die* Jugend nicht als eine monolithische, homogene Gruppe begreifen. In Deutschland lebten Ende des Jahres 2021 etwa 8,3 Millionen Menschen im Alter von 15 bis 24 Jahren, so wenige wie nie zuvor. Davon sind beileibe nicht alle selbstbeherrscht-skeptisch oder gar aktiv bei *Fridays for Future*, und in diese Alterspanne fallen selbstredend Schülerinnen und Studierende ebenso wie Auszubildende,

---

[18] Vgl. www.bpb.de/presse/313113/sinus-jugendstudie-2020-wie-ticken-jugendliche.

[19] Auch die Gegenwartsliteratur kommt zu ähnlichen Beobachtungen. Leif Randts Roman *Allegro Pastell* (2020), von der Kritik zurecht als präzises Generationenportrait gefeiert, liefert Einblicke aus eben dieser Mitte der Gesellschaft. Das Personal des Romans, zwischen 25 und 35 Jahre alt, lebt im Dauerzustand des Moderaten und zeichnet sich durch ein Desinteresse an Utopisch-Ideellem aus. Fast ausnahmslos sind die Protagonisten beruflich erfolgreich, ohne sich jedoch über Beruf und Karriere zu definieren; sie sind an Distinktion interessiert, ohne materialistisch zu sein; sie sind unfähig, sich für politische Programme zu begeistern, schätzen aber funktionierende Verwaltungen. In ihrer antiideologischen, privatistischen und pragmatischen Haltung ähneln sie durchaus jener Jugendgeneration, die im Zentrum von Schelskys Interesse stand.

Berufstätige, Jugendliche auf dem Land sowie in Städten. Und doch fällt derzeit eine grassierende Zukunftsskepsis, ja ein durchaus struktureller Pessimismus der Jugend auf, der immer wieder Anlass für nervöse Diskussionen in deutschen Feuilletons und Ministerien gibt: Die *Vodafone Stiftung* gab beispielsweise kürzlich eine Befragung von *Infratest dimap* in Auftrag, der zufolge 86 Prozent der 14- bis 24-Jährigen der Aussage „Ich mache mir Sorgen um die Zukunft" zustimmten. Die Befragung ergab auch, dass die Mehrheit der befragten Jugendlichen und jungen Erwachsenen nicht der Ansicht ist, dass Deutschland bis 2050 die Folgen des Klimawandels im Griff haben wird. Der Aussage „Die Menschen werden 2050 in Deutschland friedlicher zusammenleben als heute" stimmten 22 Prozent zu, 72 Prozent nicht.[20] Das Aufstiegs-, Wohlstands- und Fortschrittsversprechen der liberalen, demokratischen Wachstumsgesellschaft ist für einen Großteil junger Menschen brüchig geworden.

Dieser generationelle Pessimismus führt aber gerade nicht – zumindest bei den Aktivisten der Klimabewegung – zu einem Rückzug ins Private, wie ihn Schelsky in den 1950er an der *Skeptischen Generation* zu beobachten glaubte, sondern umgekehrt zu einer Mobilisierung und bisweilen auch zu neuen Formen des Protests, wie sie etwa die Aktivisten von *Extinction Rebellion* und von der *Letzten Generation* praktizieren. Jene bilden trotz ihrer medialen Präsenz eine Minderheit, von der sich Umweltaktivisten wie Neubauer explizit abgrenzen. In der heutigen Klimabewegung wird der idealistische Konkretismus der einen von der vehementen Politik der Alltagsstörung der anderen flankiert. Es soll

---

[20] So in der damaligen Pressemitteilung, online nachzulesen unter: https://www.zeit.de/news/2022-04/05/junge-menschen-blicken-sorgenvoll-in-die-zukunft.

an dieser Stelle jedoch gar nicht um die Praktiken und Gestalten zivilen Ungehorsam gehen. Vielmehr ist aufschlussreich, dass schon bei *Fridays for Future* jene eigene politische Mobilisierung, ja die Notwendigkeit des eigenen Protests als das eigentliche Ärgernis begriffen wird. „Dass es uns überhaupt geben muss, ist ja ein Skandal an sich", so Neubauer.[21] Nur weil sich die Politik nicht „an die eigenen Ziele" halte, müsse man protestieren. In ihrem politischen Aufbegehren und ihrem Protest liege gar eine gewisse Absurdität, pointiert Neubauer: „Ich glaube, wir müssten aber auch darüber sprechen, wie absurd die Erwartung ist, dass junge Menschen dafür sorgen, dass die Politik sich an ihre eigenen Gesetze hält. Wir sprechen hier über absolute Selbstverständlichkeiten. Der Fokus muss darauf liegen, was die gewählten Politikerinnen und Politiker tun oder nicht tun."[22] Im besten Falle wäre die eigene Bewegung also überflüssig.

Nicht der eigene Protest, der ja als Engagement im Dienste von Vernunft und im Sinne geltenden Rechts begriffen wird, gilt den Klimaaktivisten als radikal, sondern die (Nicht-)Politik der Regierung. „Als Antwort auf die Klimabewegung erleben wir nicht radikales Handeln, sondern radikales Verzögern."[23] Als verantwortungsvoll und staatstragend begreifen sich die Aktivisten dagegen selbst. Ihre „Pseudo-Erwachsenheit" kippt daher bisweilen leicht ins Altklug-Abgeklärte. Das Ideal, für das sie ganz konkret kämpfen, ist eine politi-

---

[21] Neubauer im Interview mit dem Fernsehsender *Phoenix* am 04.05.2023; online unter: https://www.youtube.com/watch?v=zdlmTRweGzc.
[22] So Neubauer im Interview mit Theresa Crysmann, online unter: https://www.t-online.de/nachhaltigkeit/klima-und-umwelt/id_100196120/luisa-neubauer-kritisiert-olaf-scholz-wieso-laesst-ein-kanzler-das-zu-.html.
[23] Neubauer im bereits zitierten Interview mit dem Fernsehsender *Phoenix*.

sche Normalität, die es nicht mehr gibt. Genau darin liegt der verborgene Idealismus der Bewegung, der sich bei allem zur Schau gestellten Konkretismus in einem fast schon naiven Vertrauen und einer Überschätzung der Entscheidungskapazitäten von vermeintlich Mächtigen zeigt. Regierungen ebenso wie Gremien internationaler Organisationen, aber auch große Aktionärsversammlungen sind Adressaten einer Bewegung wie *Fridays for Future,* die durchaus von dem Ideal der Gestaltungsmacht etablierter Institutionen zehrt. Es ist nur konsequent, wenn sich Neubauer die vom Politikerpersonal abgenutzten Phrasen aneignet, etwa wenn sie fordert, Staatschefs müssten ihre „ihre Bilanzen klarkriegen" und „Hausaufgaben" machen, oder wenn sie betont, „unbequeme Wahrheiten" auszusprechen.

Setzt man nun die heutige, hiesige Jugend noch einmal in ein Verhältnis zu Schelskys Diagnose aus den 1950er Jahren, würde diese ihre eigene Situation wohl kaum mit derjenigen der *skeptischen Generation* vergleichen. Sie erlebt nicht die Folgen des Krieges oder muss massenhaft den Verlust von Angehörigen verkraften. Ihr Wirklichkeitssinn, ihre Skepsis und ihre Illusionslosigkeit sind stattdessen auf dem Boden eines historisch nie dagewesenen Wohlstands erwachsen, dessen Schattenseiten und planetaren Kosten sie ja gerade lautstark skandalisiert. Es ist keine Erfahrung einer schrecklichen Vergangenheit, sondern eher die Antizipation einer schrecklichen Zukunft, die heutige Aktivisten umtreibt und illusionslos und skeptisch werden lässt. Anders jedoch als die *No-Future*-Haltung des Punk in den späten 1970er Jahren kommt all das ohne hedonistischen Surplus aus. Ja, es scheint gerade die Abwesenheit von Humor, Ironie und die frappierende Ernsthaftigkeit zu sein, die auf Außenstehende merkwürdig und bisweilen befremdlich wirkt. Gerade Älteren stößt der Verzicht auf jegliche utopische Spinnerei und vor allem die Idealisierung von Politik sauer auf, woraufhin jene dann gerne von den eigenen revolutionären Schlachten und Kämpfen berichten, aus einer Zeit, in der das Lesen noch wild, das Reisen noch aufregend und die Gegner noch dumme Schweine waren.

Klimaschützer hingegen bekämpfen weniger politische Feinde, sie suchen eher nach Verbündeten, die – wie sie selbst – die schieren Notwendigkeiten anerkennen. Bisweilen nimmt die politische Mobilisierung dabei einen Tonfall der Beschwörung von Sachzwängen an. So beschreibt etwa der *Spiegel*-Journalist Jonas Schaible in seinem Buch *Demokratie im Feuer* (2023) eine Dringlichkeit der Klimakrise, die mittelfristig zu einer „Logik der Alternativlosigkeit" führen müsse, sofern jetzt nicht dagegen gesteuert werde; die Demokratie drohe unterzugehen, werde sie nicht als Klimademokratie neu etabliert. Politik sei heute eine andere: „Die Welt, in der alles verhandelbar ist, gibt es nicht mehr. Wir haben sie durch die Emission von Treibhausgasen zerstört. Wir können nicht mehr deliberieren, ob, und wir können auch nur noch begrenzt deliberieren, wie wir gegen die Klimakrise vorgehen."[24]

Die Unbedingtheit des Anliegens wird folglich in einem Tonfall vorgetragen, der noch bis vor wenigen Jahren aus guten, nämlich demokratiepolitischen Gründen als problematisch gelten musste, weil er die Spielräume souveräner Entscheidungen relativiert. Plötzlich aber schwinden Handlungsspielräume in den Augen von Aktivisten, und so scheint die Rede von der Alternativlosigkeit nicht länger ein rhetorischer Kniff und Machttrick regierenden Personals zu sein,

---

[24] So Jonas Schaible im Gespräch mit Paulina Fröhlich, 03.04.2023; online unter: https://www.progressives-zentrum.org/die-welt-in-der-alles-verhandelbar-ist-gibt-es-nicht-mehr-wir-haben-sie-zerstoert/.

um sich gegenüber Kritik an unliebsamen Entscheidungen zu immunisieren. Stattdessen wird Alternativlosigkeit heute in Stellung gebracht, um eine *andere* Politik als die gegenwärtige einzufordern. Dies erfolgt in einer erstaunlichen Gleichzeitigkeit von einer Kritik an der Politik und einem Vertrauen auf ihre Verfahren und Institutionen.

Mit trotziger Vernunft weist die *neue skeptische Generation* also die Gesellschaft auf ihre eigenen Verdrängungsleistungen hin. Die Position von *Fridays for Future* ist dabei klar: Politische Akteure, die sich ihrer Verantwortung entziehen, die Lage beschönigen, die Wählerinnen im Ungefähren lassen und Klimapolitik vernachlässigen, sind auf gefährliche Weise verblendet. Sie sind es, die die Wirklichkeit der Klimakatastrophe verdrängen – „während die Realität uns ne ganz andere Geschichte erzählt".[25] In ihrem Einspruch gegen die reale Politik im Namen einer hochgradig idealisierten Politik provozieren Luisa Neubauer und ihre Mitstreiter schließlich mit einem penetranten *Beharren auf Wirklichkeit.*

---

[25] So Neubauer im Interview mit dem Fernsehsender *Phoenix* am 04.05.2023; online unter: https://www.youtube.com/watch?v=zdlmTRweGzc.

Erlebendes Handeln

Im Jahr 2020 bat *Der Spiegel* Olaf Scholz um eine erneute Lektüre von Max Webers *Politik als Beruf*. Vor dem Hintergrund gegenwärtiger politischer Herausforderungen sollte Scholz den Text auf seine mögliche Aktualität hin überprüfen. Für das Foto zum Artikel wurde dem damaligen Finanzminister die gelbe Reclam-Ausgabe in die Hand gedrückt (vgl. KURBJUWEIT 2020). Nun ist ein in die Lektüre eines Buches vertiefter Politiker ein vergleichsweise ungewöhnliches und seltenes Bild innerhalb der politischen Ikonographie,[26] und doch wirkt es im Falle von Scholz erstaunlicherweise gar nicht so merkwürdig. Das mag auch daran liegen, dass die im Text auftauchende Formulierung Max Webers, wonach Politik „ein starkes langsames Bohren von harten Brettern mit Leidenschaft und Augenmaß zugleich" sei (WEBER 1926, 67), dem Scholz'schen Politikverständnis recht nahekommen dürfte. Schon sein Parteigenosse und Amtsvorgänger Helmut Schmidt berief sich bekanntlich wiederholt auf Weber, der für ihn neben Mark Aurel einer der wichtigsten Ratgeber gewesen sei für eine durch Tatkraft und durch stoische Selbstbeherrschung gekennzeichnete Politik. Dieses Modell einer maximalen Sachlichkeit verpflichteten Form von Politik gerät allerdings gegenwärtig unter Druck und wird mit einem Modell konfrontiert, bei dem gerade nicht die eigene Tatkraft

---

[26] Anders verhält es sich bei der Selbstdarstellung auf *Instagram*. Über Andreas Reckwitz' *Das Ende der Illusionen* (2019), das im Jahr 2020 bei vielen Politikern als Accessoire auf dem Schreibtisch zu sehen war, wurde viel berichtet.

Abb. 1: Olaf Scholz liest Max Weber,
Foto: Peter Rigaud, in: Der Spiegel 24 (2020).

und das eigene Handeln, sondern umgekehrt das eigene *Erleben* ausgestellt wird.

Stellen wir diesem Foto des Max Weber lesenden Olaf Scholz daher zum Vergleich ein anderes Foto gegenüber. Das *Zeit Magazin* bat im April 2023 einige Prominente, für eine Fotostrecke im Heft jeweils ein Selfie aufzunehmen. Neben Schauspielerinnen, Fußballern, Musikerinnen und Köchen war auch der SPD-Bundesvorsitzende Lars Klingbeil einer der Angefragten. Auf dem Selfie wirkt er etwas müde, trägt ein graues Sweatshirt und einen grünen Parka. Das Foto erweckt den Anschein maximaler Beiläufigkeit und ist doch nicht weniger inszeniert, als das unter professionellen Bedingungen geschossene Foto von Olaf Scholz ist. Es soll an die-

Abb. 2: Selfie von Lars Klingbeil, in: Zeit Magazin 4 (2023).

ser Stelle jedoch gar nicht um den Vorwurf der Inszenierung oder um vermeintliche Authentizität gehen, sondern eher um die Frage, worauf die Inszenierung unseren Blick lenkt. Denn am Selfie von Lars Klingbeil lässt sich diesbezüglich eine interessante Verschiebung ausmachen – und es lohnt sich, auch den kurzen Text zu lesen, den Klingbeil seinem Selfie beigefügt hat:

„Wenn ich in den Spiegel schaue, sehe ich all die Sorgen, die wir uns als Land im letzten Jahr gemacht haben. Ich sehe die Verantwortung, die Politik trägt, und die Milliardensummen, die wir in Bewegung gesetzt haben, um das Leben der Menschen bezahlbar zu halten. Der Blick in den Spiegel zeigt mir: Das Jahr hat Spuren hinterlassen. Aber ich bin auch zuversichtlich, dass wir als Land gemeinsam durch diese schwierige Zeit kommen können."[27]

---

[27] So Klingbeil im *Zeit Magazin* 04/2023.

Klingbeil selbst liefert also – was selbstredend der gestellten Aufgabe durch das *Zeit Magazin* geschuldet ist, handelt es sich doch nicht um einen gewöhnlichen Instagram-Post – einen Kommentar zum eigenen Bild und kann am eigenen Gesicht all die Verwerfungen, die Anstrengungen und Sorgen des Landes ablesen. Politik hinterlässt Spuren, und um das zu dokumentieren, braucht es heute nicht mal mehr eine Herlinde Koelbl. Politiker tun das bisweilen selbst. Dabei wird nicht selten das Gesicht zur entscheidenden Information. Klingbeil weiß das. Und er weiß auch, dass sein Gesicht entsprechend gelesen wird oder gelesen werden kann. Nun spielt das Gesicht in der Politik natürlich seit jeher eine zentrale Rolle. Hier soll es nun aber nicht um das perfekt ausgeleuchtete und geschminkte Gesicht gehen, wie es uns etwa auf Wahlplakaten oder in der Pressefotografie begegnet, sondern um das *erlebende Gesicht*. In der derzeitigen medialen Darstellung von Politik, aber auch in der Selbstdarstellung des politischen Personals werden die Ausstellung und Einbeziehung des eigenen Erlebens immer häufiger zum Bestandteil von Politik.

Ein Fernsehformat, an dem sich diese Verschiebung besonders gut zeigen lässt, ist die von dem Journalisten Markus Feldenkirchen moderierte Fernsehsendung *Konfrontation*, die bis Juni 2023 dreimal in der ARD ausgestrahlte wurde. Schon in der Vergangenheit testete Feldenkirchen die Möglichkeiten politischer Berichterstattung aus. So nahm er etwa 2012 und 2013 in der Fernsehsendung *Stuckrad Late Night* neben Kollegen wie Nikolaus Blome oder Hajo Schumacher die Rolle eines internen Beobachters ein, der das Geschehen journalistisch kommentierte. Dabei kam es immer wieder zu Szenen, in denen die eingeladenen Politikerinnen und Politiker live und nicht erst am nächsten Tag in der Zeitung mit einer Einschätzung ihres Wirkens konfrontiert wurden.

Erlebendes Handeln

Mit *Die Schulz-Story* legte Feldenkirchen dann auch noch eine umfangreiche Reportage vor, in der er den Bundestagswahlkampf von Martin Schulz im Jahr 2017 begleitete und durchaus schonungslos dokumentierte. Darin können wir den SPD-Kanzlerkandidaten Schulz immer wieder in Momenten der Verzweiflung und der Schwäche erleben. Es sei ihm allerdings nie um Voyeurismus oder Bloßstellung gegangen, hielt Feldenkirchen seinerzeit der Kritik an diesem Projekt entgegen. Stattdessen habe er eine andere Art der Darstellung von Politik ausprobieren wollen, mit der unter Umständen auch ein anderes, womöglich ein empathischeres Bild von Politik und ihren Akteuren verbunden sein könnte. Am Ende seiner Reportage *Die Schulz-Story* zieht Feldenkirchen dementsprechend eine kritische Bilanz:

„Mit der Menschlichkeit eines Politikers scheint es so eine Sache zu sein. Es gibt ‚Fehler‘, mit denen können die Bürger gut leben: Kantig, frech, unbequem, stur, ein bisschen verschroben, vielleicht sogar ungehobelt, das alles dürfen, ja sollen Politiker sein, da wirkt sich Authentizität sogar positiv für sie aus. Heikel aber wird es, wenn Anzeichen von Schwäche sichtbar werden. Entscheidungsstärke, das ist richtig, sollte man von Spitzenpolitikern zu Recht erwarten dürfen. Wo aber steht geschrieben, dass Politiker keine Zweifel haben und diese erst recht nie sichtbar werden dürfen? Wer das erwartet, zwingt Politiker dazu, einen Teil ihrer Persönlichkeit mit allen Mitteln zu kaschieren. Nach Ende dieses Experiments glaube ich noch immer, dass der Politik ein höheres Maß an Transparenz gut täte, gerade in Zeiten wachsender Politiker- und Demokratieverachtung. Allerdings, auch das ist mir in den Monaten meiner Begleitung klargeworden: Transparenz zuzulassen erfordert ebenso viel Mut wie Stärke." (Feldenkirchen 2018, 305)

Mit dem Nachfolgeprojekt *Konfrontation* wagte Feldenkirchen nun wiederum ein fast schon medien- oder sozialwissenschaftliches Experiment: In dieser Sendung sitzt er zusammen mit einem Politiker – bisher waren Armin Laschet,

Robert Habeck und Karl Lauterbach zu Gast – an einem Tisch und sieht sich gemeinsam mit diesem eine Dokumentation an, die Feldenkirchen über diesen Gast gedreht hat. Die eingeladenen Politiker werden hier, anders als in Talkshows üblich, also nicht mit investigativen Fragen konfrontiert, sondern mit Fernsehbildern ihrer selbst. Als Zuschauerinnen beobachten wir diese dabei, wie sie mit ihrem eigenen medialen Bild umgehen. Ähnlich wie im Falle der vielen *Reaction-Videos* im Internet gerät hier vor allem die Art und Weise des Reagierens zur entscheidenden politischen Botschaft, was eine ganz neue Form von *face-work* notwendig macht (Goffman 1955).

An den bisherigen Gästen ließen sich nicht nur unterschiedliche Temperamente, sondern auch unterschiedliche Stile im Umgang mit dem eigenen medialen Selbst beobachten: Während Armin Laschet die Kritik an seiner Person etwas onkelhaft weglächelte und sich betont unbeeindruckt gab, sah sich der amtierende Gesundheitsminister Karl Lauterbach genötigt, das über ihn Dargestellte besonders heftig zu kommentieren und bisweilen empört zu intervenieren. Robert Habeck wiederum versuchte erst gar nicht, den Genuss an den Fernsehbildern des eigenen Selbst zu verbergen.

Im visuellen Format des Split Screen können wir als Zuschauer so der eigentlichen Dokumentation, aber darüber hinaus auch dem sich selbst beobachtenden Gesicht des Dokumentierten folgen. Daraus ergibt sich im Laufe der Sendung eine merkwürdige Loslösung des Gesichts vom politischen Körper (DELEUZE/GUATTARI 1992, 233). Zwar stehen beide in einer Verbindung, und doch fügt das erlebende Gesicht diesem Körper noch etwas Entscheidendes hinzu. *Konfrontation* ist als Fernsehsendung aber keineswegs deswegen so interessant, weil es gelingt, uns ein authentischeres Bild von Politik zu vermitteln oder uns gar ‚den Menschen' hinter dem Politiker näherzubringen. Auch wenn dies das erklärte Ziel seines Formats sein mag, wie es Markus Feldenkirchen bei der Verleihung des Deutschen Fernsehpreises 2022 in durchaus staatstragendem Tonfall deutlich gemacht hat. Ihm gehe es mit diesem Format um eine Verteidigung demokratischer Politiker, und als Journalist müsse man „sich zumindest darum zu bemühen, ein ausgewogenes, faires Bild zu zeichnen und Politikerinnen und Politiker – bei aller Kritik in der Sache, die auch gerne hart sein darf – aber auch in ihrem Umfeld zu zeichnen, als Mensch, unter all den Nöten und Zwängen, unter denen sie arbeiten müssen. Und ich glaube, wenn wir das nicht tun, dann haben wir irgendwann keine Menschen mehr, die Politikerin oder Politiker werden wollen."[28]

Aus medientheoretischer Sicht ist das Format *Konfrontation* aber vor allem deshalb so interessant, weil darin eine bestimmte Form der Darstellung von Politik, der man gegenwärtig an unterschiedlichen Stellen und in unterschiedlichen Formaten begegnen kann, konsequent zu Ende gedacht und auf die Spitze getrieben wird. Denn Politikerinnen treten heute keineswegs nur noch als diejenigen auf, die das Heft des Handelns in der Hand haben. Immer häufiger begegnen sie uns ihrerseits als *erlebende Subjekte* – und stellen dieses Erleben als wesentlichen Teil ihrer Politik aus. Man kommt kaum umhin, politische Akteure nicht nur beim Handeln, sondern gerade auch beim Erleben zu erleben. So ließ sich auch Kevin Kühnert, ähnlich wie Martin Schulz, für die vieldiskutierte, mehrteilige NDR-Dokumentation *Kevin Kühnert und die SPD* über einen längeren Zeitraum und in unter-

---

[28] So bedankte sich Markus Feldenkirchen auf dem Deutschen Fernsehpreis 2022, am 14. September 2022, online unter: https://www.ardmediathek.de/video.

schiedlichen politischen Funktionen begleiten. Zum einen fängt diese Dokumentation den bisweilen tristen Alltag im politischen Berlin ein, zum anderen zeigt sie einen aufstrebenden Politiker aus nächster Nähe. Immer wieder können wir Kühnert dabei vor allem beim Reagieren zusehen, sei es beim Beraten-Werden, beim Zuhören der Reden anderer oder in der Erwartung erster Hochrechnungen und Wahlergebnisse. Mit dem Modell heroischer Basta-Politik hat all das ebenso wenig zu tun wie mit dem gegenteiligen Modell postheroisch-verschwiegener Sachzwang-Politik (SÉVILLE 2017). Vielmehr kommt es zu einem vielsagenden Changieren zwischen *pathos* und *ethos*, das auch mit der Veränderung der medialen Bedingungen und der Bühnen der Politik zusammenhängen dürfte. In Zeiten der medialen Dauerbeobachtung und vor allem auch der sofortigen Kommentierung und Evaluierung politischen Handelns wird die Kontrolle des eigenen Reagierens ganz offensichtlich zu einem entscheidenden Element politischer *phronesis*.

Dass sich mit Christian Lindner immerhin der amtierende Finanzminister dazu entschieden hat, seit einigen Monaten einen eigenen Podcast mit dem Titel CL+ anzubieten, der über den Youtube-Kanal der FDP auch als Video abzurufen ist, verdient aus dieser Sicht besondere Aufmerksamkeit. Immerhin leitet hier ein regierender Minister ein Format, in dem er gerade nicht, wie wir das gewohnt sind, Antworten gibt, sondern Fragen stellt und wiederum auf die Antworten anderer reagiert. Hieran deutet sich ein Wandel nicht nur der Inszenierung von Politik, sondern auch des Fremd- und Selbstbildes des politischen Personals an. Als bisherige Gäste begrüßte Lindner etwa den interviewgeschulten Michel Friedman, die Unternehmerin Jeannette zu Fürstenberg, den Finanzexperten Thomas Kehl oder den ehemaligen Bundespräsidenten Joachim Gauck. Dass diese Gäste allesamt wohl kuratiert sind und mit einer klaren inhaltlichen Absicht eingeladen wurden, versteht sich von selbst. Interessanter aber als die Auswahl der Gesprächspartner ist die Gesprächssituation: „Ich will ja gleich von Ihnen noch politischen Rat und Feedback haben. [...] Wir sind ja noch in der Warmlaufphase, wo ich noch verstehen und vorstellen will, was Sie machen", so Lindner etwa im Gespräch mit Jeannette zu Fürstenberg. Und wenn Lindner seine Frage an die Leiterin der Bremer Verbraucherzentrale und TV-Expertin Annabel Oelmann wie folgt einleitet, dann klingt das natürlich erst einmal lustig, entspricht aber eben auch der Rolle des Gastgebers, die Lindner hier sehr bewusst einnimmt: „Jetzt beschäftige ich mich ja auch beruflich mit Finanzen. Ich würde jetzt gerne hören, wie Sie, als Kollegin gewissermaßen, an so einen Haushalt rangehen. Wie verschafft man sich da einen Überblick?"

Lindner tritt in seinem Podcast als zugewandter Fragesteller auf, dem spürbar an einem Austausch mit seinem Gegenüber gelegen ist. Die Gesprächssituation ist, was den Reiz und den gegenwärtigen Erfolg von Podcasts auszumachen scheint, intim, der Tonfall ist persönlich und eher ruhig. Lindner hakt nach, stellt aufmerksame Rückfragen und signalisiert, über das Gesprochene weiter nachzudenken zu wollen – „Aber ich nehme den Punkt gerne mit" oder „Das sind für mich so die beiden Findings aus dem ersten Teil unseres Gesprächs, was Sie, wie ich finde, so nachvollziehbar herausgearbeitet haben." An einer Stelle spricht Lindner etwa das Thema der Mitarbeiterkapitalbeteiligung an und bittet seine Gesprächspartnerin Jeannette zu Fürstenberg darum, das Modell ESOP (Employee Stock Ownership Plan) zu erklären. Worauf diese jedoch schlagfertig das Spiel umdreht und stattdessen den Finanzminister um eine Erklärung bittet: „Ne, Sie sagen das. Ich will jetzt mal Ihre Definition hören. Das ist doch viel besser."

Nachdem Lindner das Modell erklären konnte und also diese unerwartete Prüfung bestanden hat, muss er etwas kleinlaut gestehen: „Jetzt haben Sie die Frage zurückgespielt – und ich muss mir in die Karten schauen lassen."

Schon an diesen wenigen Ausschnitten zeigt sich eine neue politische Redeweise: Hier tritt ein Regierender plötzlich als *Re*agierender auf, als Fragesteller, als Geprüfter, als Beratener und an den Antworten anderer Interessierter. Der Minister Christian Lindner wechselt vor der Kamera nicht nur die Rolle, sondern ergreift bisweilen die Chance, zwischen sich und dem politischen Betrieb, dem er angehört, eine merkwürdige, mitunter ironische Distanz zu schaffen. Dies macht schließlich auf einen möglichen Effekt dieser Verschiebung einer Politikdarstellung und -selbstdarstellung vom Handeln hin zum Erleben aufmerksam. Denn ein solcher Fokus lenkt den Blick darauf, dass auch politische Akteure den Geschehnissen und den Konstellationen, in denen sie sich bewegen, als erlebende politische Subjekte bis zu einem gewissen Grad ausgeliefert sind. Wie Markus Feldenkirchen in seiner zitierten Dankesrede anmerkte: Politiker bewegen sich „unter Nöten und Zwängen". Auch sie erleben Politik; auch sie sind Strukturen und Machtverhältnissen ausgeliefert, sind den Kapriolen der Koalitionspartner, den unwilligen, unkooperativen EU-Partnern oder gleich der ganzen Weltlage ausgesetzt. Mitunter leiden auch sie regelrecht an eben jener Ausgesetztheit und hoffen in der Offenlegung ihres eigenen Erlebens auf Verständnis, wenn nicht gar auf *Empathie*.

Für ein solches Ringen um Verständnis aus der Perspektive der Erlebenden liefern besonders Vertreterinnen von Bündnis 90/Die Grünen derzeit reichlich Material. So kommentierte beispielsweise im Juni 2023 die Parteivorsitzende Ricarda Lang auf *Twitter* den Kompromiss der EU-Innenminister zu einer Neuordnung der europäischen Asylpolitik, der darauf abzielt, Asylverfahren teilweise an die EU-Außengrenzen zu verlagern und deutlich zu beschleunigen, in einem Thread wie folgt:[29]

„Der Status Quo an den europ. Grenzen ist unerträglich. Deshalb ist es richtig, dass wir uns für eine europäische Reform eingesetzt haben. Doch der Vorschlag des Rats zur #GEAS-Reform wird dem Leid an den Außengrenzen nicht gerecht und schafft nicht wirklich mehr Ordnung. (1/7)

Wir Grünen haben gemeinsam dafür gekämpft, dass wir zu einer europäischen Lösung kommen. Wir haben uns auf schwierige Verhandlungen eingelassen und waren zu weitgehenden Kompromissen bereit. (2/7)

Gleichzeitig war immer klar, dass es eine Reform nicht um jeden Preis geben kann. Sondern, dass eine Reform mit tatsächlichen Fortschritten in der europäischen Asylpolitik verbunden sein muss. (3/7)

Und auch wenn es jetzt auch auf Drängen Deutschlands hin Verbesserungen gibt, wie die Ausnahme für unbegleitete Minderjährige, konnten zentrale Punkte nicht erreicht werden. (4/7)

So wird es keine grundsätzliche Ausnahme von Kindern bei Grenzverfahren geben und auch ein verpflichtender Verteilmechanismus konnte, trotz Fortschritten bei Solidarität und Verteilung, nicht erreicht werden. (5/7)

Deshalb komme ich zu dem Ergebnis, dass Deutschland bei dem Vorschlag zur #GEAS-Reform im Rat heute nicht hätte zustimmen dürfen. (6/7)

Das ist eine verdammt schwierige Entscheidung, die sich niemand leicht gemacht hat. Deshalb habe ich Respekt für alle, die in der Gesamtabwägung zu einem anderen Entschluss gekommen sind als ich. (7/7)"

Lang reagiert auf die Politik der Regierung, der ihre Partei selbst angehört, stellt ihr Leiden an diesem Beschluss öf-

---

[29] Twitter-Thread vom 08.06.2023, online unter: https://twitter.com/Ricarda_Lang/status/1666886536644767745.

fentlich aus, formuliert dabei scharfe Kritik, um gleichzeitig auch auf die Schwierigkeit der Situation zu verweisen. In dieser Überlagerung ganz unterschiedlicher Sprechakte wird deutlich, wie gerade die Grünen vor der Herausforderung stehen, gleichzeitig parteipolitische Disziplin zu garantieren und staatspolitische Verantwortung zu reklamieren.

Ein weiteres Beispiel wäre jenes vielbeachtete *Tagesthemen*-Interview von Robert Habeck mit Caren Miosga im März 2023, in dem er der Bundesregierung, der er selbst angehört, eine gute Leistungsbilanz absprach und sein Leiden am Miteinander der Koalitionsparteien und an der mangelnden Geschlossenheit der Regierung unübersehbar ausstellte.[30] Auch am Auftreten der Bundesaußenministerin Annalena Baerbock lässt sich Vergleichbares beobachten. So stellte die ehemalige Bundesparteivorsitzende etwa auf dem Grünen-Parteitag 2022, auf dem Beschlüsse zu Rüstungsexporten, Waffenlieferungen sowie zu Atomkraftwerken im Reservebetrieb diskutiert wurden, Folgendes klar:

„All diejenigen, die jetzt fragen: Aber ist das für die Grünen nicht ganz schwer? Nein, weil wir haben uns diesen Dilemmata bereits im Grundsatzprogramm bereits gestellt. Wir haben dort geschrieben, dass es Momente gibt, wo unsere Werte und Normen aufeinanderclashen, und wir haben dort auch beschrieben, dass wir die Kraft haben, da nicht einfach abzutauchen, sondern uns diesen Dilemmata zu stellen. Deswegen ist es für uns so klar, dass wir die Ukraine in dieser Situation unterstützen. Deswegen ist es für Robert so klar gewesen, in der schwierigen Entscheidung der Energiekrise nicht abzutauchen und damit Putin einen Gefallen zu tun, sondern zu sagen: Ja, dann laufen die Kohlekraftwerke länger und danach bauen wir die Erneuerbare mit fünffacher Energie aus. Und deswegen lasst mich das an dieser Stelle auch sagen, des-

---

[30] Online unter: https://www.tagesschau.de/inland/innenpolitik/habeck-tagesthemen-koalition-101.html.

wegen stellen wir uns auch der schwierigen Dilemmata der Rüstungsexporte. Ich weiß, und dafür bin ich dankbar, dass das viele nicht verstanden haben, erst recht nicht auf den ersten Blick, wo es hieß, die liefern jetzt nach Saudi-Arabien".[31]

Baerbock betonte weiter, dass man sich an bestehende Zusagen und ältere Rüstungsverträge der Vorgängerregierungen habe halten müssen – „Das war unglaublich schwer für uns, für Robert und mich. Aber wir können da nicht sitzen und sagen, ‚Schwups, dieser Altvertrag ist weggezaubert'".[32]

Nun ließe sich einwenden, dass derartige Formulierungen auf Parteitagen keine Seltenheit sind und die Zurschaustellung von Dilemmata gerade bei den Grünen eine lange Tradition hat – Harald Schmidt imitierte in diesem Zusammenhang gerne das besorgte Gesicht von Joschka Fischer und unterlegte das Ganze mit einem langgezogenen „I am deeply concerned" –, und doch ist auffällig, wie häufig derzeit Erklärungen von Entscheidungen zwischen Rechtfertigung, Kontextualisierung und selbstkritischem Kommentar changieren. Hier fallen plötzlich politisches Handeln und politisches Erleben zusammen.

An einer der interessantesten Stellen in seinem Werk hat Niklas Luhmann darauf hingewiesen, dass man stets sehr genau zwischen Erleben und Handeln unterscheiden müsse (LUHMANN 2005). Die moderne Gesellschaft zeichne sich seiner Ansicht dadurch aus, dass an unterschiedlichen Orten die Zurechnung von Erleben und Handeln typischerweise je unterschiedlich erfolgt. Im Fall der Politik erfolge die Zurechnung in der Regel ausschließlich aufs Handeln. Das Handeln

---

[31] So Baerbock auf dem Bundesparteitag von Bündnis 90/Die Grünen im Oktober 2022, online unter: https://www.tagesschau.de/inland/innenpolitik/gruene-403.html.
[32] Ebd.

des einen soll das Handeln des anderen auslösen, was zumeist mit Hilfe von Macht geschieht. Luhmann begreift Politik also klassisch als Aufeinanderfolge von politischen Taten. Ob die gegenwärtige politische und mediale Situation damit noch zutreffend beschrieben wird, ist eine offene Frage. Dass Politikerinnen handeln, also kollektiv verbindliche Entscheidungen treffen müssen, daran besteht kein Zweifel. Und doch fällt auf, dass die Kommunikation von politischen Entscheidungen immer häufiger in Medien und Formaten stattfindet, die den Fokus stärker auf das Erleben richten.

Nun könnte man darin bloß einen Trick vermuten, der dazu dienen soll, Verantwortung zu verschieben und Kritik präventiv abzuwehren. Dieser Vorwurf übersieht aber womöglich, dass wir es hier vor allem auch mit einer neuen Strategie der Persuasion zu tun haben. Politische Akteure werden dabei gesehen, gefilmt und erzählen sich sogar selbst, wie sie dem politischen Geschehen bis zu einem gewissen Grad ausgesetzt sind. Nicht nur machen sie dabei ihr eigenes Erleben zum Thema, sie hoffen dabei auch auf das *empathische Erleben der anderen*. So scheint diese Redeweise eines erlebenden Handelns einerseits das Problem einer Entzauberung von Macht zu bearbeiten, andererseits aber auch neue Gestaltungsmöglichkeiten durch eine Neuverzauberung ihrer Rolle zu schaffen. Politik ist eben wirklich ein sehr langsames Bohren von harten Brettern inmitten von Dilemmata und verbunden mit qualvollen Selbstzweifeln – *Politik als anstrengender Beruf.*

Exzentrische Konventionalität

Als der neue, längst nicht mehr junge britische König Charles III. mit seiner Gattin Camilla auf einen Staatsbesuch nach Berlin kam, gab der Bundespräsident den Gästen zu Ehren ein Staatsbankett. Auf *Twitter* machte schnell ein Foto die Runde: Deutschlands Vorzeige-„Punkrocker" Campino von der Band *Die Toten Hosen* war ebenfalls geladener Gast und machte dem britischen Königspaar im Frack und mit ordentlich Pomade im Haar seine Aufwartung. Campino hat familiäre Verbindungen nach Großbritannien und besitzt die britische Staatsbürgerschaft, dies sei zur Erklärung der Einladung gesagt.

Ob jemand, der sich dem Punk verpflichtet fühlt, vor dem britischen König einen höfischen Knicks machen darf und ob er damit nicht letztlich doch jenem einst lauthals angesungenen *fascist regime* die Ehre erweist, wurde sogleich diskutiert und entsprechend hämisch kommentiert. *Morgens punken, abends knicksen,* so der erwartbare Vorwurf. Und natürlich stellt sich die Frage, wie gut bestimmte Formen von Rebellion und Subversion altern und wie sehr sie sich eignen, vereinnahmt zu werden. Im Fall von Punk stellt sich diese Frage in besonderem Maße, ist ‚Punk' doch längst zu einem überstrapazierten Label für eine ganz allgemeine von Form von Rigorismus, anarchischer Freiheitsliebe und Verachtung des Mainstreams geworden, die derzeit an ganz unterschiedlichen Orten auffindbar ist (AMLINGER/NACHTWEY 2022). So verwundert es auch nicht, dass auch Donald Trump wiederholt und sicherlich auch nicht ohne Grund als ‚Punk' bezeichnet werden konnte. Unberechenbarkeit und Lust an Provokation eignen sich offensichtlich gut, um in politische Posen übersetzt zu werden.

Wie aber hat Campino auf die Reaktionen im Internet im Anschluss an das Staatsbankett regiert? Als Medienprofi und Kenner britisch-royaler Gepflogenheiten hat er sich öffentlich zunächst weder erklärt noch beschwert. In einem Interview wurde er aber doch mehrfach gebeten, sich und seine Teilnahme an einer derartigen Zeremonie zu begründen. Dass die Bilder von ihm im Frack entsprechend viel Häme nach sich ziehen werden, das sei ihm schon im Moment ihres Entstehens klar gewesen: „Ich bin die Treppe raufgegangen und ich wusste ja, was passieren würde. Ich kenn' doch die Leute. Und da habe ich mich rumgedreht und die Arme so ausgebreitet, von wegen: Hier stehe ich in diesem lächerlichen Frack und jetzt schmeißt Scheiße nach mir!"[33] Die Reaktionen seien ihm aber schon deshalb egal gewesen, da er bereits als Kind bei seinen frühesten Englandbesuchen den Wunsch gehabt hätte, irgendwann einmal von der Queen zum Tee eingeladen zu werden. Dieser Wunsch habe sich nun auf gewisse Weise erfüllt. Dann aber gibt Campino die beiden eigentlichen Gründe für seine Teilnahme an: Dieser Staatsbesuch stehe in einem viel größeren Zusammenhang. Er sei schließlich ein Versuch, ein friedlich-freundschaftliches Verhältnisses zwischen Großbritannien und Deutschland zu pflegen. Campino sieht sich selbst auch als „Produkt von so einem Versuch".[34] Seine Mutter sei kurz nach dem Krieg im Rahmen eines akademischen Austauschprogramms, das auf die Entnazifizierung der Jugend abzielte,

---

[33] Campino im Gespräch mit Jan Müller, *Reflektor-Podcast*, 02.06.2023 (ab 28:28 Min.).

[34] Ebd.

aus England nach Deutschland gekommen und habe dort seinen Vater kennengelernt. „Ich bin mit meinen Geschwistern daraus entstanden. Und natürlich, wenn ich solche Besuche sehe oder politischen Austausch zwischen Großbritannien und Deutschland, da klebe ich natürlich dran. Und ich freue mich, wenn diese beiden Länder gut miteinander auskommen."[35] Campino verbindet seine eigene Familiengeschichte mit der Friedensgeschichte Europas, um nur wenige Sätze hinterherzuschieben, dass er aber selbstverständlich auch dezidiert als Punk dort hingegangen sei: „Entschuldigung, was ist denn eigentlich Punk? Die erste Regel ist doch: Do anything you wanna do!, wenn ich das richtig verstanden habe. Mach, was du machen willst, scheiß auf die anderen! Ich habe Regel 1 befolgt! Ich bin da hingegangen!"[36]

Campino befolgt also die Regel des Regelbruchs und kann dies sogar in eine durchaus mitreißende Erzählung über Europa einbetten. Nun kann man sich zweifellos über das Pathos der Formulierungen und über die vor sich hergetragene Punk-Attitüde eines 60-Jährigen lustig machen. Man übersieht dann allerdings das Spezifische einer Redeweise, die zwei unterschiedliche Tonfälle verbindet, die sich gerade nicht ausschließen, sondern offensichtlich sehr gut ergänzen. Campino, der nicht ohne Grund einmal „Klassensprecher der Nation" genannt wurde (ROTH 2018), kann eben deshalb so klassensprecherisch auftreten, weil es ihm immer auch möglich ist, ins Rebellische zu wechseln. Und es ist gerade diese Möglichkeit des Tonfall- und Rollenwechsels, die es zu beobachten gilt. Etwa wenn Campino in der Fernsehreportage *Die Story im Ersten: Ein Jahr für Deutschland? Der Streit um die Dienstpflicht* verlauten lässt: „Ich glaube, ein Jahr für

---
[35] Ebd.
[36] Ebd.

die Allgemeinheit, das hört sich für mich prinzipiell erst mal richtig gut an, und kann auch zur Orientierung dienen."[37]

Campino ist also an Orientierung für Jugendliche, an biographischer Sinnstiftung, aber durchaus auch an der Frage generationeller Gerechtigkeit interessiert und liegt damit wenig überraschend ganz auf einer Linie mit der großen Mehrheit des Landes. Denn laut einer repräsentativen Studie aus dem Jahr 2023 sprechen sich nämlich 73 % der Deutschen für eine allgemeine Dienstpflicht aus.[38] Und so verwundert es auch nicht, dass sich Campino in dieser Reportage dann auch in einer illustren Reihe mit Annegret Kramp-Karrenbauer oder Frank-Walter Steinmeier wiederfinden kann. Wobei sich der ehemalige Zivildienstleistende Campino derzeit sogar ganz andere Fragen stellt. Er wisse nämlich nicht, ob er heute nicht sogar Wehrdienst leisten würde, wenn „unser Land, unser Europa" angegriffen würde.[39] Hier kann jemand zum Sprachrohr deutscher Selbstvergewisserung werden und mit staatstragender Verve Sätze sagen, die eine große Mehrheit wohl genauso formulieren oder zumindest unterschreiben würde. Hier argumentiert jemand im besten Sinne *konventionell*.

Es lohnt sich daher, das Verhältnis von Rebellion und staatsbürgerlichem Pathos, von Exzentrizität und Konventionalität stärker in den Fokus zu rücken. Nicht mit der Ab-

---

[37] Vgl. Die Story im Ersten: Ein Jahr für Deutschland? Der Streit um die Dienstpflicht, In: Das Erste, 06.12.2022, online unter: https://www.daserste.de/information/reportage-dokumentation/dokus/sendung/ein-jahr-fuer-deutschland-108.html.

[38] Vgl. Dominik Rzepka: Verpflichtendes Jahr: Große Mehrheit für allgemeine Dienstpflicht, online unter: https://www.zdf.de/nachrichten/politik/bundeswehr-dienstpflicht-dienstjahr-zeitenwende-pistorius-100.html.

[39] Vgl. Die Story im Ersten: Ein Jahr für Deutschland? Der Streit um die Dienstpflicht.

sicht, die entsprechenden Protagonisten zu entlarven oder zu demaskieren, sondern weil sich derzeit ein wechselseitiges Steigerungsverhältnis ausmachen lässt. Wir beobachten die Redeweise einer *exzentrischen Konventionalität*, bei der durchaus konventionelle und in hohem Maße zustimmungsfähige Ansichten immer häufiger im Modus des Exzentrischen und der Provokation auftreten.

Das für diese Beobachtung plakativste, ja fast schon zu eindeutige Beispiel ist sicherlich Jan Böhmermann. An dem ehemaligen Schöffen und Sohn eines Polizisten, der seinem Rap-Alter Ego den sprechenden Künstlernamen *POLIZISTENSOHN* verpasst hat, erstaunt weniger der Fernsehsendung gewordene ausgestreckte Mittelfinger als das hyperbolische Staatspathos vieler seiner Einlassungen. Böhmermann tritt in seiner Sendung vordergründig als Hofnarr, aber doch eigentlich vielmehr als Staatsanwalt auf, der die klassischen Institutionen des Staates auf eine Weise verteidigt, wie es sich kein Arnold Gehlen hätte ausmalen können. Er kämpft für die Polizei, den Sozialstaat, den Rechtsstaat, das Grundgesetz, die öffentlich-rechtlichen Medien und Europa; er empfiehlt zur Weiterbildung die Kolumnen des Rechtswissenschaftlers Thomas Fischer oder den Politikpodcast im *Deutschlandfunk*, was von der dortigen Redaktion wiederum als Werbetrailer in die eigene Sendung eingebaut wird. All das geschieht jedoch nicht im Tonfall dröger Sachlichkeit, sondern mittels überdrehter Provokation. Das Böhmermann'sche Staatspathos ist zumeist auf eine hohe Lautstärke angewiesen und käme ohne Anschein des Unkonventionellen und Exzentrischen nicht aus.[40]

---

[40] Umso interessanter ist es zu beobachten, wie diese Redeweise mit sachlich-informierter Kritik umgeht, die sich gerade nicht als politisch verdächtig einstufen lässt; aufschlussreich in diesem Zusammenhang die

In der Ideengeschichte gibt es nun einen klassischen Bezugstext, wenn es um die politische Bedeutung des Exzentrischen geht. In seinem Werk *On Liberty* formulierte John Stuart Mill die Grundlagen des Liberalismus und stellte zuvorderst den Schutz individueller Freiheiten ins Zentrum dieses politischen Programms. Es sind vor allem die Eingriffe des Staates, vor denen das Individuum zu schützen sei. Nicht weniger einschränkend und gewaltsam könne aber auch die herrschende Meinung wirken, weswegen der Einzelne auch „Schutz gegen die Tyrannei des vorherrschenden Meinens und Empfindens" brauche (MILL 1974, 12). Für Mill war ausgemacht, dass sich niemand ohne Grund in die Angelegenheiten des Einzelnen einmischen dürfe, sofern denn nicht einem Dritten Schaden zugefügt würde. Es ist eine Figur, der in diesem Zusammenhang seine Aufmerksamkeit galt: der Exzentriker. Nicht nur holte Mill zu seiner Verteidigung aus, er sang sogar ein Loblied auf ihn. Gegen die Gefahr der Tyrannei der Gewohnheit sei der Exzentriker schließlich der entschlossenste Kämpfer. War es in vormodernen Gesellschaften noch überlebensnotwendig, die tradierten Konventionen und die moralischen Normen möglichst penibel einzuhalten, so liege in modernen liberalen Gesellschaften in der „Weigerung, vor dem Brauch in die Knie zu sinken, in sich ein Verdienst. Gerade weil die Tyrannei der öffentlichen Meinung so stark ist, dass das Exzentrische einem zum Vorwurf gemacht wird, ist es erwünscht, dass man exzentrisch ist, um diese Tyrannei zu durchbrechen" (MILL 1974, 97).

Folge „Ballaballa-Balkan Royale oder Hey Böhmi! What is on?" des Podcasts *Neues vom Ballaballa-Balkan* (24.02.2023); online unter: https://ballaballa-balkan.de/episode/ballaballa-balkan-royale-oder-hey,-boehmi-what-is-on.

Der Umgang mit dem Exzentriker gerate somit zum Lackmustest für eine liberale Gesellschaft. Zurecht haben Verteidiger des politischen Liberalismus darauf hingewiesen, dass dies die einzige politische Denkweise sei, die im Exzentrischen eine positive gesellschaftliche Funktion zu erkennen vermag. Entsprechend schwitzige Hände kriegen sie dann auch, wenn sie über Figuren wie Jacob Rees-Mogg oder Peter Thiel sprechen. Denn liberale Gesellschaften seien in hohem Maße auf Exzentriker angewiesen, seien doch nur diese in der Lage, außerhalb gängiger Konventionen zu denken und somit Chancen und Potentiale zu erkennen.

Nun haben sich die Verhältnisse seit 1859, dem Erscheinungsjahr von *On Liberty*, doch deutlich verändert. Damit ist nicht nur gemeint, dass das Exzentrische heute bis zu einem gewissen Grad erwartet werden kann, etwa wenn es um die sorgfältige Kuratierung eines scheinbar außergewöhnlichen Lebens geht, die längst zu einem allgemeinen Modell geworden ist (Rutschky 1994; Reckwitz 2017). Vor allem scheint sich etwas im Verhältnis von Exzentrik und Konventionalität grundlegend verändert zu haben. Das Exzentrische ist nicht mehr nur eine Gefahr für vorherrschende Konventionen, das Exzentrische eignet sich durchaus als Ressource eines bisweilen recht konventionellen Sprechens.

Der derzeit vielleicht interessanteste Fall für diese Redeweise *exzentrischer Konventionalität* dürfte der Schauspieler Lars Eidinger sein. Eidinger spielt selbst unübersehbar mit dem Anschein des Unkonventionellen, und auch kaum ein Text über ihn kommt ohne einen Verweis auf seine Exzentrik aus. Er gilt als „Berlins wohl exzentrischster Schauspieler",[41]

---

[41] So beschrieb ihn *Der Tagesspiegel* am 14.12.2022, online unter: https://www.tagesspiegel.de/berlin/berliner-gossip-praktikanten-ausbeuten--kein-problem-fur-schauspieler-lars-eidinger-9029992.html.

als „Delivery-Boy des Wahnsinns",[42] als „Rampensau und Ausnahmeschauspieler, preisgekrönt und polarisierend",[43] und manch ehemaliger Fan zeigt sich gerade von dieser Exzentrik zunehmend genervt.[44] Wenn einem nun allseits und scheinbar für alle einsichtig Exzentrik attestiert wird, dann lohnt es sich, doch einmal genauer nach dem Gehalt dieser Beschreibung zu fragen. Worin eigentlich liegt das Exzentrische an Lars Eidinger?

Zunächst fällt auf, wie sehr Eidingers Schauspiel am Theater mitunter auf kalkulierte und etablierte Effekte und Tricks gebaut ist: So spielt er Richard III. als Krüppel, sein Hamlet wiederum leidet unter dem Tourette-Syndrom. Wer den Dokumentarfilm *Lars Eidinger – Sein oder nicht Sein* (2022) gesehen hat, der Eidinger unter anderem bei den Proben zum Salzburger *Jedermann* begleitet, konnte miterleben, wie viel Aufwand für die entsprechende körperliche Zurichtung und Deformation betrieben wird. Die charakterliche Gebrochenheit oder das Böse einer gespielten Figur muss sofort ins Auge stechen, sodass durch den Kontrast von Figur und Schauspieler der echte Lars Eidinger an Profil gewinnen kann. Denn diese ebenso minutiöse wie aufdringliche Verfremdung ermöglicht es Eidinger, als er selbst durchzuscheinen. Es verwundert daher auch nicht, mit welchem Stolz er immer wieder betont, auf der Bühne auf Knopfdruck weinen zu können. Dabei handele es sich um weit mehr als nur schauspielerisches Handwerk, vielmehr liege darin der Schlüssel für ein Verständnis des Eidinger'schen Spiels. Denn anders

---

[42] So Paul Jandl auf *NZZ online* (2023).
[43] So die Kommentarstimme in einem Fernsehbeitrag über Eidinger, online unter https://www.ardmediathek.de/video/ttt-titel-thesen-temperamente/filmportrait-einer-rampensau/das-erste.
[44] So etwa Sarah-Maria Deckert im Magazin der *Süddeutschen Zeitung* (2020).

als die Perücke, das Kostüm oder der Buckel aus Schaumstoff könne die Träne eben nicht einfach kurz übergestreift werden; mit ihr breche, so Eidinger, unweigerlich eine Form von Echtheit ein: „Ich hatte immer die Fantasie, bis heute eigentlich, mit einer Erektion auf der Bühne zu stehen. [...] Was mich daran interessiert, ist, dass es eigentlich wie ein Sinnbild dafür ist, wie ich spielen will. Weil es ist was, wo man denkt, ‚Moment mal, das ist jetzt echt, was macht der denn da?' Das ist wie Weinen. Ich kann ja nicht behaupten, eine Erektion zu haben."[45]

Vielleicht ist es nicht übertrieben, Eidinger selbst als eine personifizierte Erektion zu beschreiben. Denn bei aller Posenhaftigkeit seines Auftretens setzt er doch alles daran, nicht übersehen werden zu können und dabei nie bloß nur Behauptung zu sein. Wenn er sich auf der Theaterbühne eine Wurst in den Hintern, in einem Musikvideo der Band *Deichkind* wiederum Babymaiskolben in die Nasenlöcher steckt, wenn er ungefragt von den Masturbationsfantasien in seiner Jugend erzählt, wenn er nur allzu gerne seinen nackten Körper ausstellt, wenn er berichtet, bei einem Gastspiel in Korea dem Gegenspieler auf der Bühne „aus Übermut ins Gesicht gefurzt" zu haben,[46] und wenn er sich für die Werbung einer von ihm selbst designten Handtasche vor einem Obdachlosenlager fotografieren lässt – Eidinger ist ein Meister der „Gestenrebellion" (GOFFMAN 1975, 177). Er liebt es, Konventionen zu brechen, sei es in Interviews oder im Theater. Er spricht Zuschauerinnen direkt von der Bühne an und löst

---

[45] So Eidinger im Gespräch mit Gregor Gysi, *Miss-verstehen Sie mich richtig*, 02.12.2018, online unter: https://www.youtube.com/watch?v=psqyi9OvHiM (ab 41:30 Min.).
[46] Eidinger im Gespräch mit Matze Hielscher, *Hotel Matze*, 12.09.2018 (ab 10:40 Min.).

damit die Verabredung auf, dass es eine Grenze zwischen Zuschauerraum und Bühne gibt, er brüllt in einer Theaterprobe zum *Jedermann* in Salzburg seinen sichtlich konsternierten Regisseur an, weil dieser ihm zu wenig Aufmerksamkeit schenkt, und er wird in Interviewsituationen auf einmal so intim, dass sein Gegenüber darauf kaum reagieren kann. All diese Regelverletzungen beziehen sich jedoch zumeist auf die Ebene des Sozialen, auf implizite Spielregeln der Konversation und der Interaktion. Eidinger genießt es ganz unübersehbar, Situationen herzustellen, in denen sein Gegenüber überfordert ist; etwa wenn er Gregor Gysi ungefragt von seinem liebsten Nacktmodel in der Kindheit – „manchmal denke ich so, Mann, ich müsste die mal irgendwann kennenlernen, […] ich hab wirklich viel Zeit mit der verbracht"[47] – erzählt. Schon in der Schulzeit sei das so gewesen, so Eidinger in einem Interview: „Ich war auf jeden Fall jemand in der Schule, der immer reingerufen hat. Aber nur, weil ich's schön fand, dass meine Mitschüler über mich lachen, und weil der Thrill war, dass es eigentlich gegen die Konvention oder die Verabredung war".[48]

Diese Momente der Provokation scheint Eidinger bewusst einzusetzen und auszunutzen. Im Grunde müsste man in seinem Fall von *exzentrischer Propositionalität* sprechen, sind derartige Regelverletzungen doch geradezu Ermöglichungsbedingung für ein Sprechen, das dann nicht selten betont ernsthaft, nachdenklich und bei genauem Hinsehen auch sehr konventionell werden kann. Die in Interviews immer wieder angesprochene Wurst im Hintern etwa, eine Hom-

---

[47] Eidinger im Gespräch mit Gregor Gysi, *Miss-verstehen Sie mich richtig*, 02.12.2018, online unter: https://www.youtube.com/watch?v=psqyi9OvHiM (ab 43:58 Min.).
[48] Eidinger im Gespräch mit Matze Hielscher, *Hotel Matze*, 12.09.2018 (ab 07:14 Min.).

mage an den Künstler Rodrigo García, gibt ihm Gelegenheit, weiter auszuholen und den Hintergrund dieser Aktion zu erklären: „Diese Wurst im Arsch ist […] eigentlich das triftigste und beste Bild für unsere Gesellschaft. Es geht einfach gar nicht mehr darum, Nahrung aufzunehmen, sondern du kannst sie dir auch direkt in den Arsch schieben, weil es geht gar nicht mehr darum, den Hunger zu stillen, es geht einfach nur um Völlerei."[49] Immer wieder übt Eidinger Kritik an kapitalistischen Verhältnissen, an Überfluss und Doppelmoral. Dass diese rektal eingeführte Wurst überhaupt als Skandal gewertet werde, während sich umgekehrt niemand darüber echauffiere, dass eine Riege von deutschen Prominenten für McDonald's Werbung mache, das sei doch der eigentliche Skandal: „Die Leute haben überhaupt keine Skrupel, ihr Gesicht mit irgendeinem Scheiß in Verbindung zu bringen und in die Kamera zu halten, aber über die Bockwurst im Arsch wollen sie reden. […] Da überschreitet man dann ne Grenze, aber wenn man für McDonald's sich hinsetzt …".[50]

Ähnlich verhält es sich im Fall jener Fotos, die Eidinger vor einem Obdachlosenlager zeigen. Eidinger hatte zusammen mit dem Designer Philipp Bree eine Tasche entworfen, die nicht nur von den Maßen, sondern auch vom Design einer handelsüblichen *ALDI Nord*-Tüte gleicht. Dass diese Tasche allerdings aus Leder gefertigt ist, im Laden 550 Euro kostet und Eidinger sich für Werbezwecke vor einem Obdachlosenlager fotografieren ließ, hat zu heftiger Kritik an seiner Person geführt. In Interviews zeigte sich Eidinger sichtlich getroffen von dem Vorwurf des Zynismus, dem er sich ausgesetzt sah:

---

[49] Lars Eidinger im Interview mit Niels Ruf, online unter: https://www.youtube.com/watch?v=OOt6UhsaUDw (ab 40:11 Min.).
[50] Ebd. (ab 39:32 Min.).

„Und das Bild ist mir ein bisschen passiert, weil wir wollten Fotos machen, um die Tasche zu bewerben, und ich bin vor meiner Haustür zum Discounter gegangen mit meinem besten Freund, der mich dabei fotografiert hat. [...] Dann kamen wir an diesem Obdachlosenlager vorbei, und dann habe ich mich halt davorgestellt, weil es halt der Weg, der tägliche Weg von mir zuhause zum Discounter ist. Inzwischen ist da nicht mehr ein Obdachlosenlager, sondern zwanzig. Das ist eine ganze Stadt. Da läuft man jeden Tag dran vorbei. Da kann man sich entscheiden, ob man das ausblendet, ob man sagt, ich mache ein Foto von einem Strand in Sri Lanka, der aussieht wie eine Fototapete, oder ich fotografiere den Müllberg, der daneben liegt. Das war die Entscheidung. Das ist da, und ich zeige das, und ich lasse es einen Teil dessen sein. Vielleicht gar nicht unbedingt, um es moralisch zu bewerten, sondern einfach, um es nicht auszublenden."[51]

Ob Eidinger die wütenden Reaktionen auf diese Fotos nicht hätte erwarten müssen oder ob er sie womöglich kalkuliert hat, steht hier nicht zur Debatte. Viel aufschlussreicher ist, wie überrascht sich Eidinger angesichts der Wucht der ihm entgegengebrachten Kritik zeigt und wie er den an ihn gerichteten Vorwurf des Zynismus und der Menschenverachtung aufnimmt, um ganz fundamental über den Zynismus der Welt, in der wir leben, zu sprechen. Bei der Tasche handle es sich doch schließlich um ein selbstgestaltetes Produkt, das ohne einen großen Konzern im Rücken auf den Markt gebracht wurde. Der Preis ergebe sich daraus, dass sie fair in Europa produziert wurde. Zynisch sei im Übrigen nicht dieser Preis, zynisch seien eher die 50 Euro für eine Ledertasche bei *ZARA*, an denen eben nicht Anstoß genommen werde:

„Hinter jedem Foodporn-Kanal, hinter jeder Hochglanzwerbung steckt mehr Zynismus als hinter meinem Bild vor einem Obdach-

---

[51] Eidinger auf dem Kanal des *Film Festival Cologne*, „Lars Eidinger und die ALDI Tüte", online unter: https://www.youtube.com/watch?v=cDy6f6VYHGY (ab 17:00 Min.).

losenlager. Das versucht eigentlich nur damit umzugehen, dass man sagt, man muss es immer mitdenken. Man kann das eine ohne das andere nicht denken. Man kann sozusagen nicht in Frieden leben und vergessen, dass unser Frieden auf Kriegen beruht, die an anderen Grenzen gekämpft werden. Dass unser Überfluss und unser Reichtum auf der Ungerechtigkeit basiert, dass es anderen Leuten dafür schlecht geht. Das muss man einfach wissen."[52]

In diesem Zusammenhang greift Eidinger gerne auf das Bild der Schaukel aus Bertolt Brechts *Die heilige Johanna der Schlachthöfe* zurück, bei der die einen nur oben sitzen können, solange die anderen unten bleiben. Immer wieder zieht Eidinger dieses Bild heran, um Kritik an einer *Externalisierungsgesellschaft* zu üben, die die Kosten ihres eigenen Wohlstands ausblendet und anderen aufbürdet.

Nichts an diesen Beobachtungen ist falsch oder verwerflich, ganz im Gegenteil: Es fällt schwer, ihnen zu widersprechen. Sie sind, und genau darum geht es, in hohem Maße und in großer gesellschaftlicher Breite zustimmungsfähig. Es ist eben für die Gegenwart bezeichnend, dass ein Schauspieler, der die Spannungen zwischen Rollenspiel und Identität, zwischen Projektionen und Selbstbild sowie zwischen Ironie und Ernst nicht nur deutlich werden lässt, sondern auch noch permanent selbst thematisiert, zu einem exemplarischen, öffentlichen Sprecher dieser Sätze werden kann. Jene Aussagen sind ja gerade keine Abweichung vom bürgerlichen Anstand oder Ausdruck einer radikalen Haltung. Nicht elitäre Ironie oder exklusive Originalität sind hieran bemerkenswert, vielmehr zeigt sich daran vielmehr die paradoxe Kopplung von Exzentrik und Konventionalität.

Eidinger kokettiert mit den Grenzen des guten Geschmacks und bricht mit Konventionen, um anschließend

---

[52] Ebd.

umso konventioneller sprechen zu können. Umgekehrt wirkt er interessanterweise dann besonders exzentrisch, wenn er die eigene Normalität betont und die eigene Konventionalität in den Vordergrund rückt. Etwa wenn er freimütig bekennt, eitel zu sein, wenn er auf falsche Bescheidenheit verzichtet und nicht den eigenen Stolz verbirgt, über 300 Mal *Hamlet* und über 200 Mal *Richard III.* gespielt zu haben, wenn er seine Schwächen, seinen übertriebenen Ehrgeiz und seine fast kindische Gefallsucht, thematisiert oder wenn er in Interviews über seinen Haarausfall oder über die durchschnittliche Größe seines Geschlechtsorgans spricht.

Nicht nur bei Lars Eidinger sind es bisweilen gerade Bekenntnisse des Normalen, die aus der Reihe fallen. Ästhetische und soziale Distinktion erwächst hier nicht mehr zwingend durch ein avantgardistisches oder aristokratisches Hervorheben aus der Masse, sondern durch die wiederholte Offenlegung der eigenen Gewöhnlichkeit. In der Redeweise der *exzentrischen Konventionalität* deutet sich an, dass Distinktion heute zwar immer noch durch ein gewisses Maß an *déplaire*, also Missfallen erreicht werden kann. Doch kann und soll dieses nicht mehr durch elitäres Gehabe erlangt werden, sondern eher durch ein offen und exzentrisch vorgeführtes Hyperdemokratisches und durch die Versprachlichung bestenfalls konsensfähiger Einstellungen. Wenn immer mehr Menschen unkonventionell und nonkonformistisch sein wollen und auch können, entpuppt sich *exzentrische Konventionalität* womöglich als ein notwendiger und unumgänglicher Nebeneffekt gesellschaftlicher Nivellierung.

Pastorale Agonalität

Als Frank-Walter Steinmeier im Februar 2022 von der 17. Bundesversammlung zum zweiten Mal zum deutschen Bundespräsidenten gewählt wurde, erklärte er in seiner Rede:

„Das Amt des Bundespräsidenten ist ein überparteiliches und so werde ich es weiterführen. Meine Verantwortung gilt allen Menschen, die in unserem Land leben. Überparteilich, ja – aber ich bin nicht neutral, wenn es um die Sache der Demokratie geht. Wer für die Demokratie streitet, hat mich an seiner Seite. Wer sie angreift, wird mich als Gegner haben!"[53]

Steinmeier stellte hiermit klar, wie er sein Amt weiter programmatisch und politisch ausfüllen wollte. Die Verteidigung der Demokratie bleibt auch in seiner zweiten Amtszeit das zentrale Thema. In Zeiten der Anfechtung von Demokratie von außen wie von innen sieht er dies als seine wichtigste Aufgabe als Bundespräsident. Entsprechend haben er und seine Büroleiterin Dörte Dinger als anspielungsreiches Motto seiner zweiten Amtszeit angegeben, er wolle mehr „Kontroverse wagen". Und so erklärte Steinmeier in seiner Rede zum zweiten Amtsantritt: „Ich bin hier und ich bleibe! Ich werde als Bundespräsident keine Kontroverse scheuen, denn ohne Kontroverse keine Demokratie. Aber es gibt eine rote Linie und die verläuft bei Hass und Gewalt!"[54]

---

[53] Rede von Bundespräsident Dr. Frank-Walter Steinmeier zur 17. Bundesversammlung, 13.02.2022, online unter: https://www.bundestag.de/dokumente/textarchiv/2022/kw06-bundesversammlung-rede-steinmeier-880568.

[54] Ebd.

Es hat den Anschein, dass Steinmeier zahlreiche Kontroversen nicht nur nicht scheut, sondern bisweilen geradezu sucht: Bemerkenswert deutlich hat er sich etwa zur Gefahr einer ökonomischen Abhängigkeit von China positioniert,[55] hat eine viel diskutierte Rede zum Antisemitismus auf der *Documenta* in Kassel 2022 gehalten und bezieht in der Kontroverse um eine allgemeine Dienstpflicht immer wieder Stellung. Auch hat Steinmeier angesichts der russischen Invasion der Ukraine öffentlich eigene Naivität konzediert und eine „bittere Bilanz" gezogen.[56] Als im Jahr 2022 sein Staatsbesuch in der Ukraine als *persona non grata* und unter großer öffentlicher Beobachtung abgesagt wurde, kollidierten endgültig die Rollen des nun überparteilichen Staatsoberhauptes und des ehemaligen Realpolitikers. Der Bundespräsident trat danach auch als vormaliger Bundesaußenminister und Kanzleramtschef auf.

Umso mehr stellt sich die Frage, wie sich Steinmeiers programmatische Lust auf Einmischung und Kontroverse eigentlich genau erklären lässt. Stößt der Bundespräsident nicht unweigerlich an die Grenzen seiner Überparteilichkeit? Diese Verpflichtung zur parteipolitischen Enthaltsamkeit mag den Bürgerinnen in Deutschland wie eine Selbstverständlichkeit vorkommen, und doch ist sie eine politische Anomalie, die als historische Lehre aus der Weimarer Republik zu verstehen ist. Auch das Bundesverfassungsgericht stellte in einem Urteil noch einmal fest, dass der Bundespräsident sich entsprechend seiner verfassungsrechtlichen

---

[55] Beispielhaft in einer Rede beim Festakt „100 Jahre Übersee-Club" am 03.07.2022 in Hamburg, online unter: https://www.bundesregierung.de/breg-de/service/bulletin/rede-von-bundespraesident-dr-frank-walter-steinmeier-2059910.

[56] So Steinmeier im Interview mit Melanie Amann und Veit Medick, in: Der Spiegel 15/2022.

Stellung zur alltäglichen Parteipolitik distanziert zu verhalten habe. Das Bundespräsidialamt wiederum argumentiert, dass genau diese Stellung es dem Präsidenten ermögliche, „klärende Kraft zu sein, Vorurteile abzubauen, Bürgerinteressen zu artikulieren, die öffentliche Diskussion zu beeinflussen, Kritik zu üben, Anregungen und Vorschläge zu machen."[57] Der Parteipolitik enthoben soll er für Orientierung in normativen und moralischen Fragen sorgen.

Dabei kommt Steinmeier seit 2021 zugute, den größer gewordenen politisch-diskursiven Spielraum neben der Ampel-Regierung, in der Konflikte offen zu Tage liegen und offen ausgetragen werden, zu nutzen. Noch neben der ihrerseits sehr präsidial wirkenden Bundeskanzlerin Angela Merkel hätte schon jede der angeführten Verlautbarungen Steinmeiers als Grenzüberschreitung und als Affront gewirkt; zumal die deutsche Öffentlichkeit trotz aller Krisen und Konflikte in weiten Teilen geradezu berauscht war von jener politischen Geräuschlosigkeit, die die Amtszeit Angela Merkels auszeichnete. Das scheint nun aber vorbei zu sein. Nicht nur die jetzige Regierungskoalition, auch die aktuellen Krisen und Herausforderungen erfordern offensichtlich einen deutlich härteren Tonfall. Nie war die Aufmerksamkeit für politische Kommunikation, nie waren die Erwartungen an Geradlinigkeit bei gleichzeitiger Kompromissfähigkeit so hoch wie heute.

Die proklamierte Kontroversität hat selbstverständlich auch mit dem selbstgewählten Thema Demokratie zu tun. Steinmeier inszeniert sein Eintreten für Demokratie als eine dezidiert kämpferische Position. Es gibt, darauf macht der

---

[57] Die verfassungsrechtlichen Grundlagen lassen sich nachlesen unter: https://www.bundespraesident.de/DE/Amt-und-Aufgaben/Verfassungs rechtliche-Grundlagen/verfassungsrechtliche-grundlagen-node.html.

Bundespräsident wiederholt aufmerksam, etliche Feinde der Demokratie, denen unmissverständlich klargemacht werden muss, was Demokratie als Staatsform und als Gesellschaftsordnung erfordert. Steinmeiers Lust an der Kontroverse muss daher mit einem Demokratiebegriff ins Verhältnis gesetzt werden, der auf Diskussion, auf Auseinandersetzung und vor allem auf politisch-rechtlich domestizierte Konfliktivität setzt. Es lohnt sich, in den bundespräsidialen Reden nach Versatzstücken moderner Demokratietheorien zu suchen und der Frage nachzugehen, inwiefern Steinmeiers kontroverse Einsätze *performativ* ein sehr spezifisches Demokratieverständnis umzusetzen versuchen.

So mahnte Steinmeier 2020 im Zusammenhang mit Debatten um Rechtspopulismus, die wehrhaften Institutionen der Demokratie bedürften einer wehrhaften Zivilgesellschaft, in der sich Bürger entschlossen Radikalen, Extremisten und Populisten entgegenstellen müssen. Hier wird ein ganz bestimmter Begriff des Populismus für einen Antagonismus nutzbar gemacht: Es gebe eine Kluft zwischen Bürgern, die auf der Seite der liberalen Demokraten, und denen, die auf der Seite der illiberalen, gefährlichen, antidemokratischen Populisten stünden. Der überparteiliche Steinmeier sucht also einen Weg, gängige Parteispaltungen und polarisierende *cleavages* zu überwinden, indem er die Differenz zwischen Demokraten und Antidemokraten an die Stelle konkreter parteipolitischer Konflikte setzt. Was Steinmeier betreibt, ist mithin eine Form metaparteipolitischer Demokratiepolitik, für die er dann immer wieder auf Bausteine aus aktuellen sozialwissenschaftlichen Debatten zurückgreift.

Auffällig sind etwa die Bezüge zum Werk des Politikwissenschaftlers Jan-Werner Müller. So borgt sich Steinmeier von Müller eine Definition von Populismus, die diesen vor allem dort verortet, wo der Antagonismus „Wir-gegen-das-

Establishment" bemüht und Kritik an der Hypertrophie und am Elitismus falscher demokratischer Ideale geübt wird.[58] Dieser Zugriff auf Populismen diverser Art wird sodann übersetzt in ein Plädoyer für die Verteidigung der Demokratie: Populismus ist für Steinmeier ein Phänomen der Angst, während Demokratie umgekehrt „die Regierungsform der Mutigen"[59] sei. Es verwundert auch nicht, dass ‚Mut' zum zentralen Begriff von Demokratie gerät, die als eine positive Anstrengung, als Zumutung und als eine Institutionalisierung von Selbstkritik und Selbstkorrektur charakterisiert wird. Steinmeiers Politik- und Demokratieverständnis ist mithin durchdrungen von der rhetorischen Beschwörung politischer und diskursiver Konfliktlösungsmöglichkeiten. Bereits wenige Redefragmente geben hierüber Aufschluss: Steinmeier will „[...] der Polarisierung entschieden entgegentreten, den öffentlichen Raum unserer Demokratien schützen und stärken und Politik auf der Grundlage von Vernunft und Fakten gestalten."[60] Er bejaht Demokratie als ein ra-

---

[58] Vgl. hierzu etwa das 4. Forum Bellevue zur Zukunft der Demokratie am 23.05.2018, online unter: https://www.bundespraesident.de/Shared Docs/Reden/DE/Frank-Walter-Steinmeier/Reden/2018/05/180523-For um-Bellevue.html; Steinmeiers Beitrag auf der Konferenz „The Struggle for Democracy" anlässlich der Eröffnung des Thomas-Mann-Hauses Los Angeles am 19.06.2018, online unter: https://www.bundespraesident.de/ SharedDocs/Reden/DE/Frank-Walter-Steinmeier/Reden/2018/06/1806 19-USA-Konferenz-Democracy.html.

[59] So Steinmeier bei seiner Vereidigung zum Bundespräsidenten vor den Mitgliedern des Deutschen Bundestages und des Bundesrates am 22.03.2017, online unter: https://www.bundespraesident.de/SharedDo cs/Reden/DE/Frank-Walter-Steinmeier/Reden/2017/03/170322-Vereid igung.html.

[60] Dies erklärt er in seinem Videostatement zur Amtseinführung Joe Bidens als 46. Präsident der Vereinigten Staaten von Amerika am 20.01.2021, online unter: https://www.bundespraesident.de/SharedDo

tionales, diskursives Programm, das in erster Linie von der Bereitschaft zum Streit abhänge: „Wer überzeugen will, muss streiten können und auch streiten wollen. Wichtig ist einzig und allein, dass jeder im Streit den Anderen achtet. Dass das bessere Argument zählt und nicht die lautere Parole, dass Vernunft, Respekt und Anstand ihre Geltung behalten im politischen Streit."[61]

Dem Streiten eigne gar eine versöhnende Kraft, sorge es doch für die Möglichkeit von „Momenten, in denen wir als Land zusammenkommen". Die in den Reden wiederkehrenden Motive und Formulierungen wie „im Gespräch bleiben", „zusammenkommen", „ständiges Gespräch unter Demokraten" offenbaren eine pastorale Beschwörung politisch-sozialer Kommunalität durch eine offensive Diskursivierung des Politischen. Dass dies dem Amt des Bundespräsidenten entspricht, steht außer Frage und ist alles andere als ungewöhnlich. Da das gesprochene Wort das wichtigste Instrument des Bundespräsidenten ist, überrascht es nicht, dass Bürgerinnen allzu oft mit kirchentagsähnlicher Rhetorik adressiert werden. Es ist auch kein Zufall, dass die einzigen beiden Katholiken im Amt des Bundespräsidenten, in dem eine spezifisch protestantische Denk- und Sprechkultur geradezu kondensiert, Heinrich Lübke und Christian Wulff waren.

Umso bemerkenswerter wiederum ist Steinmeiers Betonung, man bekomme ihn zum Gegner, wenn man die Demokratie anfechte. Hier vermengen sich dann plötzlich ein pastoraler Duktus mit einer neuen Form meta-, weil demo-

---

cs/Reden/DE/Frank-Walter-Steinmeier/Reden/2021/01/210120-Videobotschaft-US-Amtseinfuehrung.html.

[61] So Steinmeier bei der Eröffnung des Bürgerfestes des Bundespräsidenten am 30.08.2019, online unter: https://www.bundespraesident.de/SharedDocs/Reden/DE/Frank-Walter-Steinmeier/Reden/2019/08/190830-Buergerfest.html.

kratiepolitischer Agonalität.⁶² Denn werden Streitbarkeit und Kontroversität als Wesenskerne der Demokratie herausgestellt, so wird auch Steinmeiers Wille zu kontroversen Standpunkten und politischen Einlassungen an den Grenzen möglicher Parteinahme plausibel. Hier geht es um mehr als nur partikulare Positionen – es geht vielmehr um die performative Einlösung seines eigenen Demokratieprogramms. Schließlich führt der Bundespräsident selbst die Vorwärtsverteidigung einer demokratischen Gesprächs- als Streitkultur vor. Diskutieren heißt lernen, sich korrigieren, mutig sein und Gemeinschaft herstellen. So gehe mit der Positivierung von Streit als Kennzeichen einer pluralistischen, liberalen Kultur unweigerlich auch eine Pazifizierung von Konflikten einher. Streit und Dissens seien somit unhintergehbar, allerdings seien sie auszutragen im Rahmen ganz klarer kommunikativer Spielregeln.

So schafft es der Bundespräsident also, die Bereitschaft zum Streit und zur permanenten Selbstkorrektur mit der Idee bürgerlicher Zivilisiertheit, politischer Gemeinschaft, gesellschaftlicher Moral und der Hoffnung auf Versöhnung zusammenzuführen. Steinmeiers Denken und Sprechen ist, was als Befund wenig erstaunlich ist, protestantisch, pädagogisch

---

⁶² So Steinmeier auf Diskussionsveranstaltung „Gemeinsam gegen Hass und Gewalt – Kommunalpolitiker nicht allein lassen!" am 20.03. 2020 in Zwickau: „An all diesen Orten, in all diesen Momenten braucht es jetzt vor allem unser gemeinsames, klares Nein. Niemand darf mehr sagen: Das betrifft mich nicht. Und niemand darf mehr schweigen. Ich finde, die sogenannte schweigende Mitte war zu lange ruhig, obwohl wir wissen: Sie existiert, es gibt sie, diese Mehrheit von Menschen in unserem Land, die friedlich zusammenleben will und Gewalt eindeutig verurteilt. Aber genau diese Mehrheit muss eben lauter werden." Online unter: https://www.bundespraesident.de/SharedDocs/Reden/DE/Frank-Walter-Steinmeier/Reden/2020/03/200310-Zwickau-Kommunalpolitiker.html;jsessionid=1F035DF08EC1EC6813437F5B969F68E6.2_cid504.

und zutiefst habermasianisch. Schließlich war es Jürgen Habermas, der in seinem Anfang der 1980er Jahre erschienenen Hauptwerk *Die Theorie des kommunikativen Handelns* der bundesrepublikanischen Nachkriegsgesellschaft ihre vielleicht wirkmächtigste Selbstbeschreibung zur Hand gegeben hat. Wie bereits der Titel verrät, rückte Habermas darin die Praxis der Kommunikation in den Mittelpunkt. Unübersehbar am Modell des universitären Streitgesprächs orientiert, ging Habermas davon aus, dass sich in der wechselseitigen kommunikativen Bezugnahme so etwas wie Vernunft realisiere. „Soweit wir überhaupt Sprechakte vollziehen, stehen wir auch unter den eigentümlichen Imperativen derjenigen Macht, die ich unter dem ehrwürdigen Titel ‚Vernunft' aus der Struktur möglicher Rede begründen möchte." (HABERMAS 1984, 105) In der Erwartung möglicher Kritik anderer und in der Entgegnung auf diese Kritik komme es zur Ausbildung einer Form von Vernunft, die Habermas gerade nicht als subjektives Vermögen, sondern als intersubjektives, also kollektives Geschehen begreift.

Was im Jahre 1981 in Auseinandersetzung mit den Klassikern der Sozialphilosophie begann und sogleich als zu idealistisch und realitätsfern kritisiert wurde, ist heute längst in das politische Sprechen und den politischen Alltag diffundiert. Das haben wir ja bereits bei Robert Habeck beobachten können. War die Vorstellung kommunikativer Vernunft und das damit korrespondierende Programm deliberativer Demokratie einst das Gegenprogramm zu einer autoritären, obrigkeitsstaatlichen und dezisionistischen Form von Politik, so wird es heute längst als Normalmodell von Politik verhandelt und in die politischen Institutionen selbst eingebaut. Das Auftreten des Bundespräsidenten ist hierfür wohl das beste Beispiel. Denn hier können nun Diskussionsbereitschaft und Kritikfähigkeit als zentrale demokratische Kompetenzen zur politischen Mobilisierung eingefordert werden. Die Fähigkeit, sich den Mühen der Debatte und dem Willen zur Selbstverbesserung zu stellen, wird ihrerseits zum Testfall einer neuen politischen Konfliktführung und zum Leitmotiv einer neubürgerlichen Kollektiverzählung. Entsprechend wird eine scharfe Linie gezogen zwischen denen, die reden und streiten können, die zur Anerkennung des anderen sowie zu Selbstreflexion und Selbstkorrektur fähig sind, und den übrigen. So schärft Habermas selbst in seiner jüngsten Revision seiner klassischen Studie zum *Strukturwandel der Öffentlichkeit* sein Argument und betont, „dass die Orientierung vernünftiger Teilnehmer an der Wahrheit oder der Richtigkeit ihrer räsonierten Überzeugungen die politischen Auseinandersetzungen erst recht anheizt und diesen einen grundlegend *agonalen Charakter* verleiht. Wer argumentiert, widerspricht. Nur über das Recht, ja die Ermutigung zum reziproken Neinsagen entfaltet sich das epistemische Potential der widerstreitenden Meinungen im Diskurs" (Habermas 2022, 25).

In diesem Sinne erweist sich nicht nur Habermas, sondern auch Steinmeier durchaus als „praktischer Schmittianer" (Bude 1992), der entschlossen eine neue Freund-Feind-Linie zieht und diese zur politischen Selbstvergewisserung einsetzt. An den Reden des Bundespräsidenten wird also deutlich, wie sehr das politisch Agonale, wie sehr politische Gegnerschaft im 21. Jahrhundert *habermasianisiert* wird. Wer gut streiten kann und will, steht auf unserer, wer das nicht tut, auf der anderen Seite. Entsprechend kämpferisch kann Steinmeier daher auch behaupten: „Die Demokratie muss sich wehren können gegen ihre Feinde, und sie muss diese Wehrhaftigkeit auch zeigen."[63] Nicht nur ist faszinierend,

---

[63] Siehe dazu noch einmal Steinmeier auf Diskussionsveranstaltung „Gemeinsam gegen Hass und Gewalt – Kommunalpolitiker nicht allein

wie hier Wehrhaftigkeit und Deliberation, Diskussionsbereitschaft und Kampfeswille verkoppelt werden, es fällt auch auf, wie klar der Feind benannt werden kann. Bei Steinmeier ist er *die eigene Antwort als Gestalt.*

---

lassen!" am 20.03.2020 in Zwickau; online unter: https://www.bundespraesident.de/SharedDocs/Reden/DE/Frank-Walter-Steinmeier/Reden/2020/03/200310-Zwickau-Kommunalpolitiker.html;jsessionid=1F035DF08EC1EC6813437F5B969F68E6.2_cid504.

Geschwätziger Rückzug

Als Sophie Passmann im Sommer 2022 unter dem Eindruck harscher Kritik an einem Interview ihren *Twitter*-Account löschte, befand sie sich mit ihrer anschließenden öffentlichen Selbstreflexion, was dieses auf Schnelligkeit und Provokation ausgerichtete Medium in den letzten Jahren mit ihr angestellt habe, in guter Gesellschaft: Bereits Robert Habeck hatte unter journalistischer Anteilnahme und teils öffentlicher Häme sein Konto gelöscht, ebenso wie nach ihm etwa Saskia Esken, Kevin Kühnert, Jens Spahn, Christopher Lauer, Ulf Poschardt oder Jakob Augstein. Nicht alle hielten ihren Rückzug und den damit verbundenen Verlust an Reichweite aus – und aktivierten ihren *Twitter*-Account bald schon wieder. Und doch ist diese individuelle Medienpolitik durchaus bemerkenswert. Faszinierend ist insbesondere der Akt der öffentlichen Selbsterklärung, warum man sich dazu entschieden habe, fortan weniger – oder vielmehr: *anders* zu kommunizieren. Die entsprechenden Akteure liefern uns dabei nicht nur Selbstzeugnisse aus dem Register des Geständnisses und Bekenntnisses, sie liefern auch präzise medientheoretische Beobachtungen der Bedingungen und Dynamiken heutiger öffentlicher Kommunikation.

Passmann etwa diagnostizierte in einem langen Artikel eine allgemeine „Schlechtigkeit auf Twitter" (Passmann 2023), zu der sie selbst lange genug beigetragen habe. Das Medium verführe zu Provokationen und Übertreibungen, zu rabiaten Kommentaren und eskalatorischen Debatten. Daher stellte sich Passmann selbstkritisch die Frage: „Wie kann man sich über die Enthemmtheit der Menschen echauffieren, wenn man doch selbst Teil der Enthemmtheit ist?" (PASSMANN 2023) Öffentlich legte Passmann die Beichte ab und rechtfertigte sich nicht nur vor der bürgerlichen und emotional berührten *Zeit*-Leserschaft, sondern auch vor sich selbst:

„Meine Urteile waren vielleicht sogar besonders hart und besonders gedankenlos, ich habe vielleicht besonders gemeine Sachen über nette Menschen geschrieben. Immerhin habe ich es am Ende auf 220.000 Leute gebracht, die bereit waren, so zu tun, als sei das, was ich da erzähle, relevant. Ja, ja, ich war Teil des Problems. Und jetzt versuche ich, das klingt so wahnsinnig banal, und es ist so unglaublich langweilig, es nicht mehr zu sein." (PASSMANN 2023)

Ähnlich argumentierte einige Jahre zuvor bereits Robert Habeck, der das Genre der Deaktivierungs-Prosa vielleicht nicht erfunden, jedoch sehr früh bespielt hat. Zerknirscht musste auch Habeck an sich selbst Veränderungen im Verhalten und in der Kommunikation feststellen, die es dringend zu ändern gelte. Twitter habe ihn nicht nur zunehmend desorientiert und unkonzentriert werden lassen, vor allem habe es in ihm niedere Instinkte wachgerufen, die seinem eigenen politischen Selbstbild doch fundamental widersprächen. In seiner Bauart präferiere das Medium schließlich einen bestimmten Tonfall, eine bestimmte Lautstärke und eine Form der kommunikativen Zuspitzung, an denen man zwar mit intellektuellen Mitteln Kritik üben kann, denen man sich im praktischen Gebrauch aber immer wieder selbst ausgeliefert sieht. Selbst Ulf Poschardt musste Habeck – „dieses eine Mal" (POSCHARDT 2019) – rechtgeben:

„Twitter ist, wie kein anderes digitales Medium so aggressiv und in keinem anderen Medium gibt es so viel Hass, Böswilligkeit und Hetze. Offenbar triggert Twitter in mir etwas an: aggressiver, lauter, polemischer und zugespitzter zu sein – und das alles in einer Schnelligkeit, die es schwer macht, dem Nachdenken Raum zu lassen. Offenbar bin ich nicht immun dagegen. Dabei ist mein politisches Ding doch genau das Gegenteil." (Habeck 2019)

Twitter färbe auf ihn ab, er sei nicht immun dagegen; am schlimmsten allerdings sei für den so sprachsensiblen Habeck die Erfahrung gewesen, „dass man so redet, wie es das Medium will" (Habeck 2019). Zu dieser Erkenntnis kamen in den darauffolgenden Jahren zunehmend auch Politiker anderer Parteien. So wurden etwa Jens Spahn und Kevin Kühnert ebenfalls zu öffentlichen *Twitter*-Apostaten, deren Begründungen für den Rückzug sich durchaus ähnelten. Beide erkannten eine dramatische Verzerrung der eigenen Wahrnehmung, die damit zusammenhänge, dass viele Gruppen und viele Themen auf *Twitter* deutlich unterrepräsentiert sind. Spahn etwa berichtet, wie er von Shitstorms geplagt sorgenvoll in seinem Wahlkreis auftrat, um festzustellen, dass diese Shitstorms vor Ort gar nicht relevant waren: „die Themen von Twitter waren gar nicht die Themen der Veranstaltung [...]. Es hatte also mit den realen Themen gar nichts zu tun."[64] Ähnlich stellt auch Kühnert eine gefährliche Dynamik der Dramatisierung auf der einen und der Invisibilisierung von Themen auf der anderen Seite fest, die zu einem Problem für politische Repräsentation geworden sind: „Ich finde einfach, dass die Diskussionskultur, wie sie auf Twitter stattfindet und auch die Art und Weise wie dort Gesellschaft repräsentiert oder, ich würde sagen, absolut gar nicht repräsentiert wird, dass das zu Fehlschlüssen und Irrtümern in politischen Entscheidungen führt."[65]

---

[64] So Spahn im Interview mit Wolfgang Bosbach und Hans-Ulrich Jörges, *Bosbach & Jörges*, 26.09.2022, online unter: https://diewochentester.podigee.io/236-folge235-dasinterview26092022 (ab 34:40 Min.).
[65] Kühnert zitiert in *Spiegel Online*, 12.09.2022, online unter: https://www.spiegel.de/politik/deutschland/kevin-kuehnert-spd-generalsekret

Nun ist es keineswegs so, dass es nicht auch in der Vergangenheit bereits Medienkritik aus den Reihen der Politik gegeben hätte: etwa am Eindringen des Privatfernsehens in die Berichterstattung und an der damit zusammenhängende Boulevardisierung von Politik, an einzelnen auf Spektakel abzielenden Formaten wie Talkshows oder Wahl-Duellen, an der wachsenden Rolle der Demoskopie oder an postdemokratischen Verschmelzungen von medialer und politischer Macht (CROUCH 2008). Die derzeitigen Rückzugserzählungen nehmen demgegenüber jedoch eine andere Form an. Sie sind weniger allgemein formuliert, sondern stellen stattdessen die eigenen Deformationen durch das Medium aus. Boshaftigkeit, Enthemmung und Härte sind eben keine abstrakten Phänomene, sondern sehr konkrete Verhaltensänderungen, die die politischen Akteure mit Erschrecken an sich selbst feststellen. Der tiefe Fall und die damit einhergehende Enttäuschung und Ernüchterung sind daher notwendige Momente dieser Form der Erzählung. Es ist auch kein Wunder, dass eine so weitreichende Entscheidung wie die der Deaktivierung des eigenen *Twitter*-Accounts nur in der Nacht stattfinden kann. Bei Sophie Passmann geschah das im Taxi auf dem Heimweg nach einer Party, und auch Robert Habeck betonte in seinem Statement mehrmals die schlaflose Nacht der rückblickend richtigen Entscheidung.

All diese Erzählungen zehren von der Schonungslosigkeit sich selbst gegenüber. Das eigene Leiden ist ein ebenso wichtiger Bestandteil wie die anschließend einsetzende Reue. Schließlich handelt es sich nicht in erster Linie um eine Kritik an den Verhältnissen, sondern um eine öffentlich vorgetragene Selbstkritik, die im weiteren Verlauf dann jedoch in

---

aer-deaktiviert-twitter-profil-a-64baa28e-4b0a-48fd-a1d6-c4da844d5463.

eine Beweisführung der eigenen kommunikativen und politischen Souveränität umschlägt. Souverän ist, wer sich durch die Logik des Mediums nicht beherrschen lässt.

Und so scheint in diesen sehr persönlichen Bekenntnissen und Geständnissen, die zunächst vor allem die eigenen schmerzhaften Erfahrungen zum Thema machen und die je eigene kommunikative *conditio* zu erklären versuchen, am Ende häufig auch eine etwas trivialisierte Ethik des Diskurses durch. Irgendetwas muss ja durch jene durch *Twitter* induzierte Rohheit, Polemik und Gehässigkeit verdrängt worden sein. Zumindest *ex negativo* wird in den Rückzugserzählungen das Bild möglicher und gesellschaftlich wünschenswerter Kommunikationsformen gezeichnet – und dies geschieht mit sich selbst und vor anderen.

Der öffentlich bekundete Ausstieg aus einem sozialen Medium wie *Twitter* muss daher als eine spezifische Redeweise einer liberaldemokratischen Mitte gedeutet werden, die um eine Rückbesinnung auf kommunikativen Anstand, Etikette und Affektkontrolle kreist und somit für eine Rückkehr zu den guten alten Geltungsansprüchen, kurz: für bürgerliche Kommunikationsformen plädiert. Es ist nicht das Ziel, nun weniger öffentlich zu sprechen, weniger präsent zu sein, sondern sich einem bestimmten Modus des Sprechens zu entziehen und einen anderen zu kultivieren. Letztlich haben wir es also auch hier mit dem Versuch einer Selbstvergewisserung der Mitte zu tun, mit dem wir in diesen Essay eingestiegen sind. Mit diesen Beispielen eines *geschwätzigen Rückzugs* wollen wir enden.

Hinweise zur Erstveröffentlichung

Das Kapitel „Erlebendes Handeln" (S. 67) ist eine gemeinsam überarbeitete und ergänzte Version von MÜLLER 2023b.

Das Kapitel „Pastorale Agonalität" (S. 95) ist eine gemeinsam überarbeitete und ergänzte Version von SÉVILLE 2022.

Literatur

Amlinger, Carolin / Nachtwey, Oliver: Gekränkte Freiheit. Aspekte des libertären Autoritarismus. Berlin 2022.

Anderson, Dana: Identity's Strategy. Rhetorical Selves in Conversion. Columbia, SC 2007.

Bude, Heinz: Die Soziologen der Bundesrepublik. In: Merkur. Zeitschrift für europäisches Denken 46 (1992), 569–580.

de l'Horizon, Kim: Blutbuch. Köln 2022a.

de l'Horizon, Kim: Lieber John Unbekannt, lieber Ueli Maurer, ihr habt mich geschlagen. Aber ich vergebe euch. In: Neue Zürcher Zeitung, 19.10.2022b.

Deckert, Sarah-Maria: Das war's, Lars. In: SZ Magazin, 25.01.2020, online unter: https://sz-magazin.sueddeutsche.de/abschiedskolumne/lars-eidinger-kritik-88286.

Deleuze, Gilles / Guattari, Félix: Tausend Plateaus. Berlin 1992.

Diederichsen, Diedrich: Am Stammtisch der Sachlichkeit: Markiertes Sprechen in Deutschland, in: Merkur 868 (2021), 5–18.

Diehl, Paula: Das Symbolische, das Imaginäre und die Demokratie. Eine Theorie politischer Repräsentation. Baden-Baden 2015.

Emcke, Carolin: Gegen den Hass. Frankfurt a. M. 2016.

Emcke, Carolin: Klimapolitik: Die Schüler nehmen die Bundesregierung beim Wort. In: Süddeutsche Zeitung, 13.04.2019, online unter: https://www.sueddeutsche.de/politik/klimapolitik-die-schueler-nehmen-die-bundesregierung-beim-wort-1.4405783.

Emcke, Carolin: Journal. Tagebuch in Zeiten der Pandemie. Frankfurt a. M. 2021.

Feldenkirchen, Markus: Die Schulz-Story. Ein Jahr zwischen Höhenflug und Absturz. München 2018.

Fleischhauer, Jan: Unter Linken. Von einem, der aus Versehen konservativ wurde. Reinbek 2009.

Gehlen, Arnold: Urmensch und Spätkultur. Philosophische Ergebnisse und Aussagen. Bonn 1956.

Gehlen, Arnold: Die Seele im technischen Zeitalter. Sozialpsychologische Probleme in der industriellen Gesellschaft. Reinbek 1957.

Gehlen, Arnold: Anthropologische Forschung. Reinbek 1961.

Goffman, Erving. On face-work. An analysis of ritual elements in social interactions. In: Psychiatry 18 (1955), 213–231.

Goffman, Erving: Stigma. Über Techniken der Bewältigung beschädigter Identität. Frankfurt a. M. 1975.

Goffman, Erving: Rahmen-Analyse. Ein Versuch über die Organisation von Alltagserfahrung. Frankfurt a. M. 1980.

Goffman, Erving: Forms of Talk. Oxford 1981.

Greiner, Ulrich: Heimatlos. Bekenntnisse eines Konservativen. Reinbek 2017.

Habeck, Robert: Wer wagt, beginnt. Die Politik und ich. Köln 2016.

Habeck, Robert: Wer wir sein könnten. Warum unsere Demokratie eine offene und vielfältige Sprache braucht. Köln 2018.

Habeck, Robert: Bye bye, twitter und Facebook, 07.01.2019, online unter: https://www.robert-habeck.de/texte/blog/bye-bye-twitter-und-facebook/.

Habeck, Robert: Von hier an anders. Eine politische Skizze. Köln 2021.

Habeck, Robert: Unsere ungekochte Zeit. Rede zum Börne-Preis. In: Frankfurter Allgemeine Zeitung, 12.06.2023.

Habermas, Jürgen: Nachgeahmte Substanzialität. Eine Auseinandersetzung mit Arnold Gehlens Ethik. In: Merkur 24 (1970), 313–327.

Habermas, Jürgen: Vorlesungen zu einer sprachtheoretischen Grundlegung der Soziologie (1970/71). In: Ders.: Vorstudien und Ergänzungen zur Theorie des kommunikativen Handelns. Frankfurt a. M. 1984, 104–126.

Habermas, Jürgen: Philosophie und Wissenschaft als Literatur? In: Ders.: Nachmetaphysisches Denken. Philosophische Aufsätze. Frankfurt a. M. 1988, 242–263.

Habermas, Jürgen: Ein neuer Strukturwandel der Öffentlichkeit und die deliberative Politik. Berlin 2022.

Hildebrandt, Tina / Hensel, Jana: Der Tag war ein bittersüßer. In: Zeit Online, 21.04.2021, online unter: https://www.zeit.de/2021/17/robert-habeck-gruene-bundestagswahl-klimapolitik-corona.

Hank, Rainer: Links, wo das Herz schlägt. Inventur einer politischen Idee. München 2015.

Harding, Sandra: The Feminist Standpoint Theory Reader. Intellectual and Political Controversies. New York 2003.

Heitmeyer, Wilhelm: Die Durchrohung der Gesellschaft. Signaturen der Bedrohung 3. Berlin 2024 (im Erscheinen).

James, William: The Varieties of Religious Experience. A Study in Human Nature. New York 1958.

Jandl, Paul: Auch der übliche künstlerische Auftritt seines Geschlechtsorgans fehlt nicht: Eine Doku zeigt den Schauspieler Lars Eidinger als Delivery-Boy des Wahnsinns. In: NZZ Online, 06.04.2023, online unter: https://www.nzz.ch/feuilleton/lars-eidinger-in-der-kino-doku-ein-lieferbote-des-wahnsinns-ld.1733037.

Kirchmeier, Christian: Parabasis. Literarische Wirklichkeit im Zeitalter der Repräsentation. Konstanz 2023.

Kurbjuweit, Dirk: Augenmaß und Bazooka. In: Der Spiegel 24 (2020), 34–38.

Kurt, Şeyda: Radikale Zärtlichkeit. Warum Liebe politisch ist. Hamburg 2021.

Lejeune, Philippe: „Liebes Tagebuch". Zur Theorie und Praxis des Journals. München 2014.

Luhmann, Niklas: Die Gesellschaft der Gesellschaft. Frankfurt a. M. 1997.

Luhmann, Niklas: Erleben und Handeln. In: Ders.: Soziologische Aufklärung 3. Wiesbaden 2005, 77–92.

M'Barek, Yasmine: Radikale Kompromisse: Warum wir uns für eine bessere Politik in der Mitte treffen müssen. Hamburg 2021.

Mangold, Ijoma: Das deutsche Krokodil. Meine Geschichte. Reinbek 2017.

Mangold, Ijoma: Der innere Stammtisch. Ein politisches Buch. Hamburg 2020.

Mangold, Ijoma: Die orange Pille. Warum Bitcoin weit mehr als nur ein neues Geld ist. München 2023.

Manin, Bernard: Kritik der repräsentativen Demokratie. Berlin 2007.

Matussek, Matthias: Wie ich von links nach rechts gelangte. In: Zeit Online, 06.07.2017, online unter: https://www.zeit.de/kultur/2017-07/68er-matthias-matussek-rechtspopulismus-identitaere.

Mendelsohn, Daniel: The Elusive Embrace. New York 1999.

Mill, John Stuart: Über die Freiheit. Stuttgart 1974.

Minkmar, Nils: Keine Panik. Zum Auftakt der Lesereise von Klimaaktivistin Luisa Neubauer in Wiesbaden. In: Süddeutsche Zeitung, 09.03.2023.

Müller, Julian: Émile und die Rousseauisten. In: Kursbuch 181 (2015), 8–19.

Müller, Julian: Der politische Konvertit als Fürsprecher seiner selbst. In: Mittelweg 36 1 (2023a), 17–27.

Müller, Julian: Split-Screen-Gesichter. In: Pop. Kultur & Kritik 23 (2023), 84–89.

Müller, Julian / Séville, Astrid: Ist Dauerreflexion kommunizierbar? Das Habeck-Paradox. In: Merkur 873 (2022a), 82–87.

Müller, Julian / Séville, Astrid: Paradoxe Kopplungen. Die Wertekommunikation von Bündnis 90/Die Grünen als Ansprache und Fürsprache einer neuen Mittelklasse. In: Leviathan 50 (2022b), 90–117.

Neubauer, Luisa / Reemtsma, Dagmar: Gegen die Ohnmacht – Meine Großmutter, die Politik und ich. Berlin 2022.

Passmann, Sophie: @SophiePassmann. Dieser Account existiert nicht. In: Die Zeit, 26.01.2023.

Pollatschek, Nele: Ich protestiere. Kim de L'Horizon und die Aufmerksamkeit. In: Süddeutsche Zeitung, 22.10.2022.

Poschardt, Ulf: Warum ich Twitter verlasse. In: Die Welt, 07.01.2019, online unter: https://www.welt.de/kultur/medien/plus203178620/Hort-von-Hass-und-Opportunismus-Warum-ich-Twitter-verlasse.html.

Randt, Leif: Allegro Pastell. Köln 2020.

Reckwitz, Andreas: Die Gesellschaft der Singularitäten. Berlin 2017.

Rorty, Richard: Kontingenz, Ironie und Solidarität. Frankfurt a. M. 1991.

Roth, Johanna: Der Klassensprecher-Campino nervt. Aber damit tut er immerhin mehr als wir. In: Jetzt.de, 04.09.2018, online unter: https://www.jetzt.de/politik/ein-lob-auf-klassensprecher-campino.

Rousseau, Jean-Jacques: Bekenntnisse. Frankfurt a. M. 1985.

Rousseau, Jean-Jacques: Emile oder Über die Erziehung. Stuttgart 2004.

Rutschky, Michael: Wir Exzentriker. In: Kursbuch 118 (1994), 165–177.

Saward, Michael: The Representative Claim. New York 2010.

Schaible, Jonas: Demokratie im Feuer. Warum wir die Freiheit nur bewahren, wenn wir das Klima retten – und umgekehrt. München 2023.

Schelsky, Helmut: Die skeptische Generation. Eine Soziologie der deutschen Jugend, Düsseldorf-Köln 1957.

Schliesky, Utz: Gespräche über den Staat. München 2017.

Schmitt, Carl: Politische Theologie. Berlin 1922.

Sennett, Richard: Verfall und Ende des öffentlichen Lebens. Die Tyrannei der Intimität. Frankfurt a. M. 1986.

Séville, Astrid: There is no alternative. Politik zwischen Demokratie und Sachzwang. Frankfurt a. M. / New York 2017.

Séville, Astrid: Der Sound der Macht. Eine Kritik der dissonanten Herrschaft. München 2018.

Séville, Astrid: Pastorale Agonalität. Die bundespräsidiale Demokratiepolitik Frank-Walter Steinmeiers, 05.09.2022, online unter: https://verfassungsblog.de/pastorale-agonalitat/.

Séville, Astrid / Müller, Julian: La transparence et l'obstacle – Politik im Digitalen zwischen Dauerkommunikation und Diskretion. In: Björn Klein / Robin Schmidt (Hg.): Was macht die Digitalisierung mit der Politik? Einwürfe und Provokationen. Berlin / Boston 2022, 69–77.

Snow, David A. / Machalek, Richard: The Sociology of Conversion. In: Annual Review of Sociology 10 (1984), 167–190.

Starobinski, Jean: Rousseau. Eine Welt von Widerständen. Frankfurt a. M. 2003.

Ulmer, Bernd: Konversionserzählungen als rekonstruktive Gattung. Erzählerische Mittel und Strategien bei der Rekonstruk-

tion eines Bekehrungserlebnisses. In: Zeitschrift für Soziologie 17 (1988), 19–33.
Ulrich, Bernd: Verschärfte Wahrnehmung. In: Zeit Magazin 32 (2018).
Ulrich, Bernd: Verschärfte Welt. In: Zeit Magazin 31 (2022).
Waisanen, Don: Political Conversion. Personal Transformation as Strategic Public Communication. Lanham, MD 2018.
Weber, Max: Politik als Beruf. München 1926.
Weber, Oliver: Die Moral der Krise. In: Merkur 863 (2021), 89–95.
White, Hayden: Die Bedeutung der Form. Erzählstrukturen in der Geschichtsschreibung. Frankfurt a. M. 1990.
Zick, Andreas / Küpper, Beate / Mokros, Nico (Hg.): Die distanzierte Mitte. Rechtsextreme und demokratiegefährdende Einstellungen in Deutschland 2022/23. Bonn 2023.